하나님께 가져갈 인생이력서

하나님께 가져갈 인생이력서

문공주 지음

| 머리말 |

  이 글을 쓰면서 무엇하나 내세울 것 없는 부족한 사람이 18세 때 하나님을 만나서 하나님의 은혜로 70살을 살면서 하나님께서 나에게 베푸신 기적같은 은혜를 기억하고 하나님께 감사하며 천국이 있고 지옥이 있는데 나는 어떻게 살 것인가를 생각하게 되었습니다.
  누구에게나 주어진 삶이지만 나는 나그네 인생길 하나님을 만나고 나서 내 인생을 한마디로 정리했습니다.
  나는 하나님 앞에 가져갈 인생이력서를 쓰는 사람이다.
  나그네 인생을 살다가 내 인생 여정을 마치고 하나님 앞에 갔을 때 하나님 나는 이렇게 살다가 왔습니다.
  하나님께 고백하며 하나님께 가져갈 부끄럽지 않는 나의 인생이력서를 쓰기 위하여 목표를 정하고 또 기도하면서 하나님의 말씀에 순종하면서 이렇게 살았습니다.
  하나님께 드릴 인생이력서를 통하여 자녀들에게 하나님이 하신 일들을 알게 하고 아버지 할아버지가 만난 하나님을 만나고 할아버지가 믿고 섬기는 하나님을 힘써 믿고 섬기고 사랑하라 전하고 싶습니다.

  너희들도 할아버지처럼 하나님의 말씀을 믿고 하나님의 말씀의 테두리에서 벗어나지 말고 하나님 말씀대로 살아라.

  늘 하나님을 가까이하고 살아라.

  신앙을 자녀 손자들에게 물려주는 마음으로 이 글을 씁니다.

  이 글을 읽으시는 분 가운데서도 예수님을 모르시는 분 계신다면 예수님을 믿고 천국과 지옥을 믿으시고 하나님께 가져갈 인생이력서를 함께 써 나갔으면 좋겠습니다.

문공주

일독을 권합니다

안녕하세요?

남편 문공주 정교님의 삶을 가장 가까이에서 지켜 본 저는, 이 책이 단순한 이야기가 아니라 그가 하나님과 동행하며 걸어온 발자취임을 잘 알고 있습니다.

때로는 힘들고 어려운 상황에 놓여 있을 때에도 그 모든 순간 순간들이 믿음으로 하나님과 함께하는 빛나는 여정이었음을 이 책을 통하여 독자분들도 충분히 느끼시리라 확신합니다.

이 책은 문공주 정교님의 하나님 이야기지만 지금 이 순간 절망속에서 희망을 찾는 모든 분들에게 자기 자신만의 하나님을 만날 수 있는 큰 희망과 위로가 될 것이라 생각합니다.

아내 양경선 부교

| 차례 |

1부 하나님과의 첫만남

하나님과의 첫만남 • 12
먼저 천국 간 아내 고 이미숙 부교와의 만남 • 16
부모님 집에서 무당을 찾아가다 • 20
부모님 집에서 분가 • 22
아버지 이야기 • 24
아버지의 장례식 • 28
부천에서 새로운 삶을 시작하다 • 29
40일 작정기도 • 33
50만 원의 축복 • 38
하늘에서 돈다발 떨어져라 기도하다 • 42
무당 전도 • 46
불평의 댓가 • 50
신앙의 기준을 재정비하다 • 53
나의 현실은 노점상 • 58
노점 탈출 • 60
수련원 피아노 • 63
집을 주신 하나님 • 67

성도들과 건축한 부천 구세군교회 • 69
입당 예배 기도 • 71
위암에 걸렸습니다 • 73
첫번째 건축성전 문학구세군교회 • 79
아내의 코피 • 82
몽골 구세군교회 • 85
천국으로 간 아내 • 86
아내의 장례 예배 • 92
부천 구세군교회 이전 • 95
1,000만 원으로 4억 1,000만 원의 교회를 매입한 교회 • 97
연풍감리교회 간증문 • 102

2부 하나님이 하신 일들입니다(간증 · 기도문)

가계수표 • 122
포기하지 마세요 • 124
사랑하는 사람들을 생각하면서 • 125
너무 어려운 시절 • 127

문학구세군교회 개척예배 감사기도 • 129
수표 한 장 • 131
아침을 먹으며 당신을 생각합니다 • 133
당신의 따뜻한 사랑을 평생 잊지 않겠습니다 • 135
차량 구입을 위하여 • 137
구세군 성민장학회 • 139
구세군 50일 전도운동 • 141
고난을 통해서 주님의 뜻을 알게 하소서 • 143
추억의 그 돼지고기 한근 • 145
감사 제목을 기록하는 삶 • 147
수련원 티셔츠 주신 하나님의 은혜 • 148
일천 번제 기도의 기적 • 151
중보 기도가 응답 되었습니다 • 155
일용할 양식을 주옵소서 • 157
5월 20일 찬양 간증 집회 보고 • 159
하나님의 자녀로 살면서 • 161
나는 영원한 구세군인 • 163
검정고시를 치르다 • 165

3부 인생이력서 후반전 이야기

두 아들의 엄마 없는 결혼식 • 170
재혼을 생각하시는 분들께 • 173
인생 후반전 결혼을 생각하면서 • 174
전주로 이사를 하다 • 183
두 번째 암을 주신 하나님께 감사드립니다 • 186
선교지에 가서 댕기열에 걸리다 • 190
캄보디아를 향하여 70세의 도전 • 195
나와 CBMC • 198
한국국제기드온협회 북전주캠프 소개 • 207
시니어선교한국 • 208
나의 전도 편지 • 211

1부
하나님과의 첫만남

하나님과의 첫만남

하나님께 가져갈 인생이력서.

나는 전북 정읍 북면 시골 농촌마을에서 가난한 농부의 아들로 태어났습니다.

너무 가난하여 초등학교 졸업후 정식학교를 다니지 못하고 농사일을 거들며 살다가 추석때 고향에 내려온 동네 형을 따라 16살에 서울로 올라가서 노동일과 유흥가를 전전하며 살다가 18세쯤 되어 고향에 돌아와서 농사짓는 일을 하였습니다.

그러다가 동네에 있는 구세군 신평 교회에 다니게 되었습니다.

교회에는 청년들이 30명 정도 되었고 모두가 마을에서 함께 자란 선후배 친구들이었습니다. 당시 시골에는 겨울에는 할 일이 별로 없어서 밤이면 자주 모여 기도회를 하곤 하였습니다.

나는 다른 사람들이 기도를 너무 잘해서 늘 부러운 마음이었습니다.

그러던 어느 날 밤 기도 시간이었습니다.

특무님(일반교회의 전도사)께서 앞에서부터 한 사람씩 돌아가면서 기도하라는 말씀을 하셨습니다.

나는 그 소리를 듣고 가슴이 철렁했습니다.

순간 밖으로 나가 버릴까 생각하며 또 어떻게 순서를 벗어날까?

내 마음속에서 여러가지 생각을 하고 있는데 내 순서가 돌아오고야 말았습니다. 나는 할 수 없이 기도하려고 "하나님 아버지"라고 부르고 나니 앞이 캄캄하고 아무런 생각도 나지 않았습니다. 오히려 옆에 있는 청년들의 '주여 주여!' 소리만 더욱 크게 들려왔습니다. 짧고도 긴 시간이 흘렀습니다. '구세군특무님' 일반교회로 말하면 전도사님께서 나를 대신하여 기도를 해 주셨고 나는 창피하여 기도회가 끝나기 무섭게 교회에서 나와버렸습니다.

이 일이 있은 후 기도를 잘 하지 못하는 나는 찬송이라도 해야겠다고 마음먹고 밤 늦게 혼자서 교회를 찾아가 찬송을 부르기 시작했습니다.

성령이여 강림하사 또 인애하신 구세주여 두 찬송을 연속하여 간절히 불렀고 새벽 2시쯤 되어 나도 모르는 어떤 감동에 이끌리어 눈물 콧물 흘리며 기도하는 내 모습을 알게 되었습니다.

이것이 하나님과의 첫만남이고 성령체험인 것을 알게 되었습니다.

나는 하나님을 만난 후에 물불을 가리지 않고 열심히 신앙 생활을 하였는데 이웃 교회에 부흥회가 있다기에 참석하게 되었습니다.

그런데 신기한 일이 벌어졌습니다.

부흥 강사님께서 천국하면 웃는 시늉을 하고 지옥하면 무서워 벌벌떨고 손을 쭉 뻗으면 뒤로 넘어지고 기도하면 미국에서도 기적이 일어난다고 하였습니다.

제가 이것을 나중에 알고 보니 이것이 모두 최면술이었다고 하였습니다.

이 일이 있은 후에 나는 교회에 실망했고 교회와 점점 멀어졌습니다.

그리고 나중에는 교회에 다니지 않게 되었습니다.

당시 나의 생활은 부모님 밑에서 농사일을 거들며 장마

다 돌아다니며 물건을 파는(장돌뱅이) 노점 장사를 하고 있었습니다.

먼저 천국 간 아내 고 이미숙 부교와의 만남

　노점장사를 하면서 한 때는 내가 "숟가락 젓가락" 하며 숟가락 젓가락을 팔 때가 있었습니다.
　이때가 24살 정도로 기억이 되고 있습니다.
　그러던 중 고창군 부안면 알미장터에 간 적이 있습니다.
　숟가락을 팔러 갔는데 하나도 팔지 못하고 있었습니다.
　보따리를 싸서 오토바이에 실어놓고 장터를 돌아다니면서 구경하고 있는데 어떤 20세쯤 되어 보이는 아가씨가 바구니에 강아지를 담아 놓고 팔고 있었습니다.
　나는 발로 바구니를 툭툭 차며 강아지가 병들어 죽게 생겼으니 빨리 나한테 팔고 들어가라며 그 아가씨에게 강아지를 샀습니다.
　그리고 강아지를 담아갈 바구니가 없으니 빌려주면 다음 고창 장날에 가져다가 주겠다고 약속하고 강아지를 바구니를 빌려서 담아 데리고 왔습니다.

 다음 장날 고창에서 만나 바구니를 돌려주고 함께 차 한 잔을 마셨습니다. 그리고 그 날, 다음에 정읍에서 한번 만나자고 주소와 연락처를 건네주고 다음에 만나기로 약속하고 헤어졌습니다.

 그런데 아가씨가 정읍에 나오지 않았습니다.

 다음날 나는 아가씨 집을 찾아가서 집 밖을 돌며 뻐꾸기 소리를 내며 신호를 보냈더니 아가씨가 나오더니 앞으로 쭉 가면 동네에 (시정) 정자가 있으니 거기에 가서 있으면 바로 갈테니. 가서 있어라 해서 가서 있었더니 아가씨가 나와서 이야기를 하다가 또 다음에 정읍에서 다시 만나기로 약속을 잡고 나는 정읍으로 돌아왔습니다. 그런데 이번에도 아가씨가 나오지 않았습니다.

 그래서 나는 그날 밤 오토바이를 타고 그 아가씨 집으로 찾아갔습니다. 나는 마당에 들어서서 큰 소리로 이 집 사위 왔습니다. 하고 외쳤습니다.

 아무런 반응이 없었습니다.

 나는 "사람이 왔으니 문 열고 불 좀 켜고 얼굴 보며 이야기 좀 합시다. 내가 못 올 데 온 것도 아니고 사위가 처

갓집에 왔습니다." 라고 말하였습니다.

　계절이 여름날 인지라 동네 개들은 짖어대고 주변이 소란해지니 옆집에서 건장한 아저씨가 나오더니 "이놈의 자식 여기가 어디라고 행패냐"며 소리치고 나와서 도망쳐 나오듯 그냥 돌아왔습니다.

　다음날이었습니다.

　술집하는 친구로부터 전화가 왔습니다.

　어떤 아가씨가 나를 찾아왔다고 해서 가서 만나보니 그 아가씨가 나를 찾아온 것이었습니다. 찾아온 이유는 면장 집 손녀딸이 연애했다는 이유로 천원짜리 한 장 들고 쫓겨났다는 것이었습니다.

　나는 아가씨에게 나의 조건을 제시했습니다.

　첫 번째 나 노점장사 하는데 내가 리어카 끌면 뒤에서 밀고 따라올 수 있느냐?

　두 번째 너와 나는 언제든지 헤어지면 끝이지만 부모 형제는 끊을래야 끊을 수 없다.

　부모 형제에게 잘할 수 있겠느냐 이렇게 약속을 받고 내가 살고 있는 저희 집으로 데리고 왔습니다.

　부모님에게 며느리 데려왔습니다.

말씀드렸더니 부모님이 허락하셔서 부모님의 집에서 함께 살기를 시작했습니다. 아가씨의 나중 고백인데 아가씨가 알미 장터에는 난생 처음 가봤고 나도 알미 장터에는 난생 처음 갔는데 강아지가 정말로 병들어 죽을 것 같아서 알미 장터에 나와서 급하게 팔았답니다.

부모님 집에서 무당을 찾아가다

시골집에서 부모님과 함께 살면서 이런 일이 있었습니다.

아가씨가 며칠 동안 고열이 나고 몹시 아파 약을 먹어도 낫지 않고 헛소리를 했습니다.

어머니가 남의 집 큰애기 데려다가 죽이겠다며 면 소재지에 있는 무당집을 찾아가 점을 쳤습니다.

점쟁이가 하는 말이었습니다. "네발 달린 짐승 먹고 체했구나!" 하는 것이었습니다. 곰곰이 생각해 보니 며칠 전 내장산에 가서 돈가스 먹은 것이 생각났습니다. 그걸 먹고 체했나 봅니다.

족집게 점장이라 그런지 결과는 귀신같이 맞췄습니다.

그리고 무당은 뱅이(무당들이 어떻게 하라고 가르쳐 주는 비방)를 하라고 이렇게 저렇게 하라는 비방을 가르쳐 주었습니다.

그리고 무당집에서 점치는 것을 마치고 나오는데 무당이 느닷없이 말하는 것이었습니다.

"그러지 말고, 예수나 믿어버려" 하고 소리치는 것이었습니다.

나는 이때 교회는 다니지 않았지만, 뒤통수 한 대 얻어맞은 것 같은 기분이 들었습니다.

무당도 예수 믿으면 점을 치지 않아도 된다는 것을 알고 있고 또 하나님과 무당은 비교도 할 수 없는 대상임을 스스로 인정하는 결과였습니다. 무당도 인정하는 예수님을 믿는 저희들은 얼마나 바른 선택을 하였는지 하나님께 감사와 영광을 돌릴 뿐입니다.

야고보서의 이 말씀이 생각납니다.

야고보서 2장 19절. [네가 하나님은 한 분이신 줄을 믿느냐 잘하는 도다. 귀신들도 믿고 떠느니라]

부모님 집에서 분가

부모님 집에서 계속 살 수는 없었습니다.

분가를 생각하고 경운기에 쌀 다섯 말에 김치 한 단지를 싣고 정읍에 60만 원의 부엌이 딸린 방 한 칸을 전세로 얻어서 이사를 하였습니다.

정읍으로 이사하여 살면서 낮에는 노점 장사를 하면서 물고기도 잡아 팔고 뱀도 잡아 팔며 밤에는 술집에 나가 술을 파는 일을 하며 살고 있었습니다.

그러는 중 아내가 임신하여 8, 9개월이 되어 이제 결혼식을 하기 위해 아내 집에 가게 되었습니다.

이때도 아내의 집에는 할머니가 계셨는데 나를 반대하고 계셔서 나는 저희 어머님을 모시고 갔습니다.

저희 어머님께서는 그분 할머니 설득하셔서 결혼식에는 참가하겠다는 승낙을 받았습니다.

그리고 할머니는 나에게 밥을 차려주셨는데 나는 마파

람에 게 눈 감추듯 한 그릇을 먹어 치우고 "밥 한 그릇 더 주세요" 하고 두 그릇을 먹고 왔더니 나중에 아가씨에게 "밥 먹는 거 보니 너 굶기지는 않겠구나!" 하면서 "우리 집 사위가 맞구나!" 하셨답니다.

우리는 결혼식을 치른 뒤에 할머니로부터 인정을 받았습니다.

할머니는 아내를 불러 집안 일이 있을 때마다 맡기시고 나는 그 집에 신뢰받는 큰사위가 되었습니다.

아버지 이야기

나의 아버님은 낫 놓고 기역 자도 모르시는 분입니다.
내 어린 기억으로는 남의 집 머슴살이를 많이 하셨고 너무나도 성실하시며 효자상을 받으신 효자이시고 아내에게 충실하고 자녀를 무척 사랑하시는 분이셨습니다.
저희들에게 조금이라도 더 자라며 새벽 4시면 일어나셔서 소죽을 끓이시며 저희들이 잠을 자게 하셨습니다.
또 인내심이 매우 강한 분으로 기억됩니다.
한번은 내가 소구루마를 뒤에서 미는데 소가 발을 밟아 발톱이 빠져도 자기 일을 마치기 전까지는 비명 한번 지르지 않고 자기 일을 하셨습니다.
동네 사람들은 법이 없어도 살 사람이라 하셨습니다.
이런 아버님께서 위암에 걸리셨습니다.
당시 교회는 막내 여동생만이 다니고 있었습니다.
여동생 삼순이는 아버지를 전도하기 위하여 많은 기도

를 하였습니다.

그러나 아버님은 교회 얘기를 꺼내면 "교회 다니는 사람들 교회에 갖다 바치는 돈 10분의 1만 부모님께 드리면 효자상 받는다." 하시면서 교회를 반대하시는 분이셨습니다.

여동생이 아버님을 전도하기 위하여 사관님을 모시고 오시면 아버님은 문전박대하시고 사관님은 문전박대를 당하시면서도 끊임없이 아버님을 전도하셨답니다.

위암에 걸리신 아버님은 본인이 돌아가실 것을 예상하고 원불교에 장례식을 예약한 상태시기에 아버님은 사관님(목사)이 문병 오시면 일부러 염불을 더 크게 틀어놓고 사관님을 대하셨습니다.

나도 당시에는 교회에 다니지 않았었기 때문에 아버님에게 예수 믿으시라고 한 번도 권하지 않은 걸로 기억합니다.

지금도 내 가슴이 아픈 것은 당시 내가 사는 생활이 너무나도 궁핍하여 아버지가 유일하게 드시는 베지밀 한병 마음놓고 사드리지 못해 지금도 먹으면 배 아프다는 핑계로 베지밀을 먹지 않습니다.

가난 이야기가 나왔으니, 지금도 생각하면 가슴이 미어집니다.

천국에 간 아내가 첫아들 종삼이를 임신하고 먹을 것이 없어서 보리차만 마시다가 아이스크림 하나 먹고 싶다고 하여 아이스크림을 사 왔습니다.

자기 혼자 먹을 수가 없어 2개를 사 와 하나를 나에게 주니까 내가 안 먹는다고 아이스크림을 물려오라 했답니다.

차마 물리러 갈 수 없어서 담벼락에 넣어 두었다가 나중에 가보니 막대기만 남아 있더라는 이야기를 20년이 지난 후에 나에게 이야기 하는 것이었습니다.

지금도 생각하면 너무나 아내에게 미안하고 가슴이 아픈 슬픈 이야기입니다.

다시 아버지 이야기입니다.

아버지는 점점 위암이 악화해 가고 있었습니다.

그러던 어느 날 밤 아버지가 밤중에 턱을 떠시며 무언가를 중얼거리시더랍니다.

다음날 아버지는 어머니께 "내가 나이 70 가까워지는데 내가 예수 믿는다면 동네 사람들이 나를 미친놈이라고 말하겠지 그렇지만 나는 예수를 믿어야 되겠어" 하셨답니다.

동생은 "할렐루야"를 외치며 사관님을 모셔다가 아버지의 영접 기도를 하였습니다.

아버님은 살아생전에는 교회를 한번도 가보시지 않으셨지만 마지막에 예수님을 영접하시고 하나님을 만나서 천국에 가셨습니다. 할렐루야

이사야 43장 1 절 말씀입니다. (야곱아 너를 창조하신 여호와께서 지금 말씀하시느니라 이스라엘아 너를 지으신 이가 말씀하시느니라 너는 두려워하지 말라 내가 너를 구속했고 내가 너를 지명하여 불렀나니 너는 내 것이라) 하신 말씀을 이루어 주셨습니다. 아멘

아버지의 장례식

아버님께서 생일날에 소천하셔서 가족들은 아버지의 생신에 오셨다가 장례를 치르게 되었습니다.

장례는 사관(목사)님의 인도로 기독교식으로 치르게 되었습니다.

동네에서 급조된 상여꾼에게 밤에 찬송을 가르켜서 상여 인도하시는 분이 앞에서 "며칠후 며칠후" 하면 상여꾼들은 뒤에서 "요단강 건너가 만나리" 찬송 하시면서 아주 은혜 가운데 장례를 치렀습니다.

아버님의 장례를 치른 후에 나는 지인의 건물을 임대하여 하던 술집을 하려 했지만 포기하고 작은형이 부천에 살고있는데 부천에 빈 가게가 있다 하여 나는 부천으로 이사를 했습니다.

부천에서 새로운 삶을 시작하다

　아버지의 장례식을 마치고 저희 부부는 돌이 된 큰아들을 데리고 부천으로 이사하여 작은형이 소개한 술집을 하게 되었습니다.

　술을 팔면서도 밤 10시가 넘어 오시는 손님들에게 "술 먹지 말고 통닭이라도 한 마리 가지고 가셔서 가족과 함께하라"며 술을 팔지 않으려 했습니다.

　그렇게 부천에서 술집을 하고 있을 때 부천에는 구세군 교회가 개척된 지 5개월째 되었고, 담임 사관(목사)님께서는 자주 저희를 찾아오셔서 교회에 나오라는 권유를 하셨습니다.

　그렇게 해서 부천구세군교회 출석하게 되었습니다.

　어느 날 집 앞 교회에서 복음 가수 전 용대(지금은 목사님)라는 청년이 오셔서 간증 집회를 한다기에 참석하게 되었습니다.

그는 한쪽 다리가 불편한 장애인이었고, 불편한 몸으로 하나님의 영광을 위해서 살아가는 간증을 들었습니다.

그리고 나는 어떻게 살고 있는가를 생각하게 되었습니다.

나는 술을 팔고 있었습니다.

술집을 하는 것이 마음에 걸렸습니다.

사람들이 멀쩡하게 들어와서 술을 마시면 싸움이 벌어지고 또 술을 마시면 2차 3차를 가는 것을 볼 때 내가 하는 일이 사람들의 죄를 짓게 하는 곳이라고 생각하게 되었습니다.

간증을 듣고 돌아온 나는 당장에 술집을 정리하였습니다.

다시 고향에 내려가려고 정읍에서 집을 구하려고 다니는데 교회의 어느 한 부교님이 슈퍼 자리가 있는데 와서 한번 해보라고 하여 슈퍼경험이 있는 나는 다시 올라와서 슈퍼자리를 보고 슈퍼는 하지 않았습니다.

다음날 아내가 시장가다가 우연히 아는 사람을 만나서 지하 주차장을 개조하여 만든 5평 정도 되는 옷 가게 하라는 지인의 권유로 옷가게를 하게 되었습니다.

방도 지하 방에서 살며 비가 오면 등에 옷이 젖고 때로는 물을 퍼내기도 하는 열악한 방이었습니다.

가게도 일어서면 머리를 찧는 아주 높이가 낮은 가게였습니다.

술집은 낮에는 자고 저녁에 일을 하는데 옷 가게는 새벽 4시가 되면 동대문 평화시장에 가서 물건을 구입해서 팔아야 했습니다.

생활이 완전히 뒤바뀐 생활이었습니다.

그리고 뒤바뀐 생활 때문에 너무나 힘이 들어 아내에게 "여보 나 도저히 못 하겠어!" 했더니 "여보 조금만 더 힘을 내 조금만 견뎌봐" 하는 아내의 말을 듣고 가장으로써 포기하지 못하고 장사를 계속했습니다.

그런데 또 앞집에는 저희의 몇 배가 큰 옷 가게가 있었습니다.

나는 장사를 시작하면서부터 주일에 문을 닫았고 최대한 시장에 나오지 않았습니다.

사람들이 많고 앞집에 손님이 많은 것을 보면 혹여나 마음이 흔들릴까 봐서! 그리고 하나님께 기도했습니다.

"하나님 앞집에 손님 많이 보내주십시오. 그리고 그 집에 손님이 넘쳐나서 우리 집으로 넘어오게 하여 주십시오" 하며 앞집을 축복하며 기도하였습니다.

이렇게 어렵게 장사를 하고 있을 때에 아버님의 장례를 치러주신 사관(목사)님께서 광명 영문(교회)으로 전근 오시게 되었습니다. 저희 부부는 아버지의 장래 인사 겸 찾아가서 감사의 인사를 전했습니다.

사관(목사)님께서 저희에게 기도 제목이 무엇이냐고 물으셨습니다. 저희는 "가게가 주차장을 개조하여 만든가게라서 높이가 낮아서 일어서면 머리를 찍기 때문에 가게가 작더라도 사람이 설 수 있는 좀 높은 가게를 하는 것 소원"이라고 말씀드렸습니다. 그러자 사관님께서는 가게도 구입하고 집도 구입할 수 있도록 기도하자고 하셨습니다.

그 말을 듣고 아내는 "가게만 주셔도 황송한데 무슨 집까지 하냐"며 아멘을 하지 않았습니다.

나는 아내의 옆구리를 찌르며 "하나님이 집주시면 돈도 주시지" 하면서 나는 아멘을 강요했고 아내는 "아멘"을 했습니다.

사관님께서는 집과 가게를 구할 수 있도록 간절히 기도해 주셨습니다.

40일 작정기도

기도를 받고 집에 돌아온 저의 부부는 '비 오기를 기도했다면 우산 들고 나가야 한다'는 마음으로 아이들이 다니는 선교 유치원 교회에서 40일 기도를 작정하고 기도를 시작했습니다.

마태복음 7장 7절 말씀 (구하라 그리하면 너희에게 주실 것이요 찾으라 그리하면 찾아낼 것이요 문을 두드리라 그리하면 너희에게 열릴 것이니 구하는 이마다 받을 것이요 찾는 이마다 찾아낼 것이요 두드리는이에게는 열릴 것이리라) 말씀을 부여잡고 기도하였습니다.

또 예레미아 33장 삼 절(너는 내게 부르짖어라 내가 네게 응답하겠고 네가 알지 못하는 크고 은빌한 일을 네게 보이리라) 이 말씀으로 부르짖으며 기도를 했습니다.

그러던 중 새벽 기도에 갔다 오면서 건물을 지으려고 땅을 파는 것을 보았습니다.

또 며칠 지나니 기초가 세워지는 것을 보고 기도했습니다.

"주님 이곳을 주십시요" 하면서 새벽기도 오가는 길에 "하나님 이자리를 저에게 주십시요" 하고 건물을 붙들고 기도 했습니다.

시작한 작정기도 이제 33일 지나 일주일 남았습니다.

기도해 주신 사관(목사)님께 전화를 했습니다.

"사관님 저희가 방문했을 때에 사관님께서 가게 얻으라고 기도해 주셨는데 그 말씀을 믿고 저희가 40일 작정기도를 시작하였습니다. 이제 일주일 남았는데 저희를 위하여 함께 기도해 주세요." 처음부터 부탁드리면 부담스러우실 까봐 일주일 남겨놓고 기도부탁드립니다. 하고 전화를 드렸습니다.

그리고 40 작정 기도를 마쳤습니다.

작정기도를 마친 다음날 옆집 채소 가게에서 건물을 세를 놓는다는 얘기를 들었습니다.

나는 바로 하나님께 감사의 기도를 드렸습니다. "하나님 세 놓는다는 얘기를 들었으니 하나님은 응답하신 겁니다.

하나님 제가 가진 돈이 없어서 못 들어갈 뿐입니다" 하고 감사를 드렸습니다.

당시 가게 보증금이 4,500만 원에 월세 40만 원이었습니다.

저희 형편으로는 꿈도 꾸지 못할 형편이었습니다.

그래서 소식을 들은 것 만으로도 응답으로도 알고 감사하며 포기하였습니다.

그런데 앞집 가게에서도 그 건물을 임대한 것이었습니다.

그런데 앞집에서도 저희가 가게를 얻으려 한 것을 알았나 봅니다.

그리고 하는 말이 "가게는 아무나 하나 예수 믿는다고 거들먹거리더니" 하면서 무시하는 소리를 들었습니다.

나는 내가 모욕 당하는 것은 참을 수 있으나 예수님의 이름을 들먹이니 참을 수 없어 마치 하나님의 군대를 모욕하는 골리앗을 본 다윗의 마음으로 그 사람에게는 어떻게 말할 수 없지만 나는 집에 들어가 문을 닫고 회개의 기도를 드렸습니다.

내용인 즉

"하나님께서 저를 장사 시켜준 것은 돈 벌어라고 장사 시켜준 것인데 돈을 벌지 못한 죄를 용서해 주십시오. 제가 돈이 있었다면 가게를 얻어 들어가서 장사하면서 하나님께 영광을 돌렸을 텐데 제가 돈이 없어 가게를 얻지 못하고 하나님을 믿는 저를 보고 주님의 이름을 욕되게 하였습니다.

주님 저를 용서하여 주십시오. 주님 그리고 제가 하나님의 자녀 아닙니까 하나님! 결코 저들에게 기죽지 않게 하옵소서" 하나님께 기도하였습니다.

다음날 시장을 가기 위해 택시를 탔습니다.

잠깐 눈을 감고 묵상 기도를 하는데 온몸에 하나님이 주시는 평안이 내 몸과 내 마음에 가득 퍼짐을 느꼈습니다. 그리고 시장에 갔다와서 물건을 정리하는데 옆집 채소 가게에서 전화가 왔습니다. 가게 얻었느냐고 물어보는 전화였습니다.

나는 "돈이 없어 가게를 얻지 못했다"는 말은 하지 않고 "가게가 없어서 얻지 못했다"고 했습니다.

사실 그때만 해도 가게만 얻으면 권리금이 굉장히 많이 붙을 때였기 때문에 가게 구하기 힘들 때 였습니다.

채소가게 친구는 자기가 가게를 잡아 놓았으니 나더러 하라는 것이었습니다.

나는 무조건 알았다고 대답을 했습니다.

50만 원의 축복

그런데 내가 가진 돈은 고작 50만 원이었습니다.

그래서 담임(목사)사관님에게 상담하기 위하여 전화를 했습니다. 그랬더니 아주 명쾌한 답변을 주셨습니다.

"능력 되면 하시오."

아주 정확한 답변을 해주셨는데 그러나 내 능력은 안되었습니다.

하지만 40일 동안 울며 불며 작정기도 했지요. 가게 얻지 못하여 무시당했지요. 정말 가게를 하고 싶은 마음은 굴뚝 같았습니다.

그러나 돈이 없었습니다. 그런데 이 생각이 떠올랐습니다.

전날 저희 교회 권부교(집사)님이 계신데 나를 찾아오셔서 교회 중고차 사러가자고 개인적으로 나에게 250만 원의 맡겨둔 돈이 있었습니다.

합하니 300만 원 그리고 시골 장모님께 전화드려 혹시 적금 들으신 거 있으면 해약에서 빌려달라 했더니 150만을 해 주셨습니다.

내가 가지고 있는 돈 50만 원 그걸 합하니 450만 원이 되었습니다.

'보증금이 사천오백(4,500)만 원이니 계약금 450만 원이면 계약은 되겠구나' 하고 계약금을 마련하여 주인을 만나 계약서를 작성하고 450만 원을 내놓았더니 건물주가 나를 뺑 하고 쳐다보는 것이었습니다. 계약서를 자세히 보니 계약시 계약금 1,500만 원 한 달 후에 중도금 2,000만 원 입주시 잔금 1,000만 원이라는 규정이 있었습니다.

나는 주인에게 최선을 다해 마련한 것이 450만 원이니 이 돈으로 계약을 해 주시고 한 달 후에 1050만 원을 드리겠습니다.

했더니 중도금은 어떻게 할 거냐고 물어보길래 "중도금은 두 달 후에 드리겠습니다. 나는 돈이 하나도 없습니다.

나는 하나님을 믿는 사람입니다.

하나님께서 나에게 반드시 돈을 주실 것인데 하나님께 받아서 두 달 후에 드리겠습니다."

절실하고 명확하게 말했습니다.

건물주는 "이런 미친놈이 있나" 하면서 어이없다는 듯 한참을 생각하고 나를 쳐다보았습니다.

하나님의 선한손이 나를 도우심으로 건물주는 허락해주셨습니다. 지난 이야기니까 그렇지 정말 애타는 마음으로 하나님만을 의지하고 말한 것이지요.

그런데 하나님은 역사셨습니다.

당시 가게의 하루에 20~30만 원 정도의 물건을 팔았습니다.

그런데 가게 계약을 하고나니 가게 매출이 70~100만 원정도로 올라 "이정도라면 중도금도 문제 없겠어"라는 교만한 생각을 하게 되었습니다.

그리고 1050만 원의 계약금을 맞춰 치르고 나니 매출은 원위치가 되고 말았습니다.

그래서 중도금을 마련하기 위하여 돈을 구하려 많은 노력을 하였으나 중도금을 마련하지 못하고 내일이면 중도금을 치루어야 하는 날이 되었습니다.

아내와 나는 마지막 희망이라는 생각을 하고 부교(집사)님을 다시 찾아갔습니다. 왜냐하면 전에 봉고차 사러 가는 날 나에게 "나 2,000만 원 있는데 자네에게 주고 싶네" 하시면서 "자네가 기도하면 나 은혜 받네" 하시면서 나에게 돈을 주신다 하셨습니다.

나는 "감사합니다 말씀만 받겠습니다." 한 일이 있었습니다.

궁지에 몰리다 보니 내 마음속에는 슬그머니 권부교(집사)님 생각이 났던 것입니다. 나는 과일 2,000원어치를 사서 들고 아내와 함께 권 부교님을 찾아갔습니다.

부교(집사)님 지난번에 말씀하신 돈 500만 원만 저에게 빌려주십시오.

했더니 "없었던 걸로 하세 나 그 돈으로 영덕에 기도원 지었네" 하셨습니다.

나는 "잘하셨습니다. 제 일이 문제가 되겠습니까? 하나님의 일이 먼저지요 감사합니다." 하고 집에 돌아왔습니다.

이제는 방법이 없었습니다.

하늘에서 돈다발 떨어져라 기도하다

나는 아내를 불러놓고 성경에 보면은 "바울과 실라라는 사람이 있는데 이들이 감옥에 갇혔을 때 하나님을 찬양하고 기도하니 옥 문이 열렸단다. 무거운 옥문 열리는 것보다 하늘에서 돈다발 떨어지는 것이 쉬울 테니까. 우리 하늘에서 돈다발을 떨어져라고 기도하자" 하고 가게 한 구석에 돗자리를 펴고 찬송을 불렀습니다. "마음속에 근심 있는 사람 주예수 앞에 다 아뢰어라 주 우리의 친구니 무엇이라 근심하지 말고 주 예수께 아뢰어라" 찬송하며 밤 9시까지 손님이 오면 팔고 없으면 기도하고 찬송하고를 반복했습니다.

그러나 하늘에서 돈다발은 떨어지지 않았습니다.

그래서 나는 가게 문을 닫고 저녁 먹고 아내에게 다시 말했습니다. "여보 아직 시간은 있어. 이제 가까운 교회 가서 기도하자" 하고 아내와 나는 60평 정도 교회의 1500

명이 모이는 혜린 장로 교회를 찾아갔습니다.

그 교회는 24시간 문이 열려 있기 때문에 그 교회로 갔습니다.

그리고 결사적으로 기도를 하기 시작했습니다.

지금까지의 모든 책임을 하나님께 돌렸습니다.

"하나님 저는 처음부터 할 수 없는 일인데 하나님이 시키신 겁니다.

하나님이 시키셨으니 계약금을 뜯겨도 하나님 책임입니다."

왜냐하면 나는 할 수 없는 일을 하나님이 시켰기 때문에 계약금 뜯기는 것도 당연히 하나님 책임으로 돌렸습니다.

그러면서 시골에 살면서 저수지에 돌을 던지며 물수제비 하던 일을 생각했습니다.

그리고 저수지에 돌을 던지듯 "이제 이 문제는 하나님께 던져버립니다."

하고 이 문제를 하나님께 던져버렸습니다.

그리고 집에 왔는데 내 뒤에 따라 오던 아내가 안방에서 나오는 것이었습니다.

다시 보니 아내가 아니고 유치원 선생님이 아내 옷을

입고 방에서 나오는것이었습니다.

선생님이 나에게 전세방 뺏는데 방학이라 시골에 있다가 내년 봄에 개학하면 다시 방을 얻어야 된다면서 그때까지 부교(집사)님 돈 좀 보관해 달라면서 돈 뭉치를 내밀어서 "부담스럽게 돈을 내게 왜 맡겨" 하면서 한손으로는 "할렐루야"를 외치며 돈다발을 받았습니다.

뒤따라 아내가 들어왔습니다.

나는 아내의 손을 잡고 방에 들어가 "하늘에서 돈다발은 떨어지지 않았지만 우리의 손에는 돈다발이 들어왔어" 하면서 "우리의 필요를 채워주신 것이 응답이야" 하고 하나님께 감사의 기도를 드렸습니다. 그래도 50만 원이 부족해서 처음에 가게를 소개시켜주었던 채소 가게에서 50만 원을 빌려 중도금을 치르고 그후 잔금 정리는 하나님의 은혜로 순탄하게 지급하였습니다.

그리고 건물주에게는 성경책을 선물하고 복음을 전하면서 하나님께 영광을 돌렸습니다.

입주예배는 돈이 없어 가게 물건을 채우지 못하고 바지 몇 장 걸어놓고 지나가는 목사님들과 눈물로 하나님께 감사의 입주예배를 드렸습니다. 그리고 교회의 봉고차도 중

고가 아닌 새 차로 구입하게 되었습니다.

  하나님의 전폭적인 은혜로 그해 아파트 청약에도 당첨되었습니다.

  이렇게 하여 사관님이 기도해주신 기도 제목이 완벽하게 이루어졌습니다.

  기도에 응답해주신 하나님께 감사와 영광을 돌립니다.

무당 전도

지하 월세 방에 살다가 하나님의 은혜로 전세방으로 이사하게 되었습니다. 그런데 옆방에는 반중(머리 밀고 중처럼 보이지만 중은 아니고 장사하는 사람)이 살고 있었습니다.

찬송소리만 나면 "너 혼자 사는 집 아니니 조용히 하라"고 하면서 그쪽에서는 염불을 틀어놓았습니다.

거실에는 찬송과 염불이 함께 흘러나왔습니다.

한 거실에 찬송과 염불이 함께 흘러나와 마음이 불편했습니다.

그래서 저희 부부는 하나님께 기도하기로 했습니다.

"하나님 저것(염불) 좀 치워주세요. 기도하는데 방해가 됩니다."

하면서 기도했습니다.

며칠이 지났는데 밤중에 요란한 소리가 나고 아침에 보

니 그 집이 야반도주를 했습니다.

그래서 다시 기도했습니다.

주님 이번에는 예수믿는 사람 보내주세요.

그렇게 기도했습니다. 그랬더니 웬일입니까?

늑대 피하려다가 호랑이를 만났습니다. 이번에는 무당이 들어온다는 얘기가 있었습니다.

예수 믿는 사람 보내달라 했더니 웬 무당입니까?

기도하라는 줄 알고 기도하겠습니다.

하고 담임 사관님에게 말씀을 드렸더니 담임 사관(목사)님께서 오셔서 큼직한 십자가를 거실에 걸어주셨습니다.

저희는 귀신이 밤 12시에 활발하게 활동한다는 얘기를 들은 적이 있어서 밤 12시에 40일 작정기도를 작정하고 시작했습니다.

아내와 나는 서로 무릎을 마주하고 손을 마주잡고 주여 무당 저분 예수믿게 해 주세요 하면서 기도했습니다. 어느 날 밤 꿈에 길을 가는데 무당이 굿을 하는 꿈을 꾸었습니다.

그래서 옆에 가서 쳐다보면서 꿈속에서도 예수 믿는 사

람이 옆에 있으면 무당이 굿을 못한다는데 내가 옆에 있는데 무당이 왜 굿을 하지.하면서 내가 믿음이 약한가 생각하고 기도해야겠다는 마음이 들어 방언으로 하나님께 꿈속에서 기도를 하기 시작했습니다.

방언으로 열심히 기도를 하는데 무당이 퍽쓰러지는 것이었습니다.

할렐루야 그리고 꿈을 깼습니다.

그리고 40일 작정기도를 마친 주일 아침이었습니다. 교회를 가기 위하여 계단을 내려오는데 무당 아주머니가 옷을 예쁘게 차려입고 나를 쳐다보는 것이었습니다.

계단을 다 내려가니 아주머니께서 내 팔을 덥석 잡으시더니 "아저씨 저도 교회 가야겠어요."

하고 나를 따라 교회를 오셨습니다.

알고 보니 아주머니는 점을 치는 무당이 아니고 신을 받아 집에서 신을 모시고 있는 분이셨습니다.

그리고 그 주 금요일 저희 집에서 구역예배를 드리는데 아주머니께서 구역예배에 참석하셨습니다.

그리고 하염 없이 우시면서 왜 주책 없이 남의 집에 와서 내가 이렇게 우는지 모르시겠다며 그동안 섬기던 신당

그릇 집기 등을 모두 버리고 태웠다고 고백했습니다.

  하나님께서는 종과 종의 아내의 기도를 들으시고 무당 아주머니를 비롯하여 남편과 자녀들 일곱식구가 저희 교회로 출석하게 해 주셨습니다.

  이 일을 행하신 하나님께 모든 영광 올려드립니다. 할렐루야

불평의 댓가

이후에도 하나님께서 복을 주셔서 가게를 확장 시켜주시고 기도만 하면 응답주셨습니다.

한번은 성도들 보는 앞에서 "나 저 건물 달라고 기도하고 올께" 하고 기도했습니다.

하나님은 기도를 들어주셨습니다.

하나님의 은혜에 감사하며 은혜로운 신앙생활을 하고 있었습니다. 그런데 사관(목사)님 전근 전출이 있을 때에 나에게 불평이 찾아왔습니다.

"내가 먹고 살만한데 왜 이 고생을 하지" 하고 하나님앞에 목이 곧아졌습니다. 그리고 하나의 가게를 처분하고 아내와 어머니 앞에서 밥상을 머리로 받고 벽을 받으며 내일에 상관하지 말라며 가게를 옮기는 일을 진행하였습니다.

이 일이 있은 후에 승승장구하던 장사도 되지 않아 모

두 정리하고 결국에는 1억 3천만 원의 빚을 지게 되었습니다.

이때가 1996년인 것 같습니다.

기도만 하면 응답 주시던 하나님께서도 부모에게 순종하지 않고 화풀이한 나에게 침묵하시는 것 같았습니다.

나는 그래서 젊은이들에게 늘 부탁합니다.

부모님 앞에서 화내지 말고 부모님이 이해하실 때까지 설명하고 또 설명하라고 부탁합니다.

야고보서 1장 20절은 '사람의 성냄이 하나님의 의를 이루지 못함이라' 말씀을 읽고 깨달았습니다.

이제 나에게는 고난의 삶이 시작되었습니다.

이 카드 저 카드 돌려 막으며 눈물의 세월이 시작되었습니다.

이 일을 통하여서 교만과 불평은 신앙의 최대의 적이라는 것을 깨달았습니다.

이제 내가 할 수 있는 것은 하나님 앞에 철저하게 회개하고 엎드리는 것이었습니다.

하나님 앞에 감사하며 회개 기도를 시작했습니다.

하박국 3장 17*18절 말씀을 부여잡고 하나님께 부르짖어 기도하며 감사했습니다.

나는 나를 구원하신 하나님을 인하여 기뻐하리라 기도하면서 구원의 감사로 마음을 불태웠습니다.

어려우면 어려울수록 감사를 했습니다.

빚을 내어 가며 감사를 했습니다.

십일조 1위 자리를 놓치지 않으려고 수입에 상관없이 십일조를 제일 많이 드렸습니다.

전교인 중에서 저희가 가장 가난 했습니다. 그러나 하나님 앞에서는 제일 부자로 살았습니다.

나는 십일조 10만 원 했다면 100만 원 번거고 100만 원 했다면 1,000만 원 번 사람이다 사람 앞에는 아니더라도 하나님 앞에는 십일조 100만 원 했다면 하나님께는 1,000만 원 번 사람 처럼 감사하며 살아야한다 하며 살았습니다.

또 이런 어려움을 당하면서 신앙을 재정비하고 신앙의 기준을 세웠습니다.

신앙의 기준을 재정비하다

하나님을 가까이 함이 내게 복이라.
말씀을 기준으로
1. 하나님은 나의 주인이시며 나는 하나님께 평생 갚아도 못갚을 빚을 진 자이다.
2. 신앙은 타협의 대상이 아니며 타협할 수 없다.
3. 감사가 끊어진다면 내 생명 끝나는 날이다.
4. 비 오기를 기도했다면 우산 들고 나가야 한다.
5. 과정은 어려울지라도 나는 이긴 전쟁을 하고 있는 것이다. 왜냐하면 나는 죽어도 천국 가기 때문이다. 나는 승리한 것이다.

이와 같이 나의 신앙기준을 정했습니다.

지금은 이 신앙 기준을 저희 집 가훈이 되어 손자들도 달달 외우고 있습니다.

물질관

1. 물질의 주인은 하나님이시다.
2. 물질의 노예 되지 말고 물질을 다스리자.
3. 사용권과 축복권이 하나님께 있으며 나는 관리인이다.
4. 많이 벌어 많이 쓰자. 쓴 돈이 번 돈이다.

나중에 보자는 놈 무서운 놈 없듯이 없을 때 못하는 놈 있으면 더 못한다.

인생관

1. 나는 나그네 인생길을 가며 살고 있다.
2. 나의 최종 목적지는 천국이다.

죽어서 하나님의 심판대에 섰을 때 너 어떻게 살다왔느냐 하나님께서 물어 보실 때 하나님 저는 이렇게 살았습니다.

하고 하나님 앞에 가져갈 부끄럽지 않은 나의 인생이력서를 쓰자 하고 내 삶은 하나님께 가져갈 인생이력서를 쓰는 삶이라고 정의를 했습니다.

그리고 내가 해야 할 일 인생의 목표를 세웠습니다.

70세까지 남의 도움 없이 일곱개의 교회를 짓자. 학교를 짓자. 병원을 짓자.

이렇게 인생 목표를 세우고 기도하였습니다.

내 삶의 뚜렷한 목표를 세우고 사는 나의 기도생활은 정말 기쁨이었습니다.

하나님 아버지와 함께하는 신앙 생활은 참으로 스릴있고 감사와 감격이 넘치는 생활이었습니다.

이렇게 신앙생활하면서 깨달은 것이 있었습니다.

즉 관계정리를 하는 것이었습니다.

하나님과 나의 관계를 부자 관계로 정리했습니다.

또 하나님은 전능하신 하나님 아버지

하나님 아버지는 자기 마음만 맞으면 무엇이든지 해주시는 아버지

육신의 아버지는 마음 있어도 해주고 싶어도 능력이 없으면 해줄 수 없는 아버지. 만약 아버지를 믿고 아들이 저지른 일이 있다면 아들이 책임지지 못하는 일은 아버지가 책임진다는 것을 알았습니다.

나도 세 아들이 있는데 내 차를 자기 차처럼 타고 다니고 그러다가 교통사고를 냈는데 아버지인 내가 가서 어디

다친 데는 없느냐 걱정 하며 모든 처리를 해주었습니다.

그리고 아들이 나에게 와서 아버지 상의 드릴 일이 있는데 저녁에 시간 좀 내주세요.

하면 왠지 기대가 되고 아버지에게 상의하는 아들이 고맙게 여겨지더라고요.

그래서 나는 하나님께서도 똑같은 생각을 하실 거라고 생각하고 문제가 있을 때마다 하나님께 상의하며 기도 했습니다.

하나님 아버지 제 생각은 이런데 아버지 생각은 어떠하신가요?

저는 이렇게 기도 이렇게 하는게 좋은데 하나님 아버지 생각은 어떠세요?

하나님 아버지가 하라는 대로 할게요. 하며 기도했습니다.

이렇게 하나님 아버지와 친밀하게 지내는 신앙생활을 했습니다.

그럼에도 불구하고 하나님께서는 내가 어려우면 어려울수록 마치 시험이라도 하듯이 나에게 할 일을 주셨습니다.

그럴 때마다 몸부림치며 기도할 때 하나님은 응답해주시고 살아계신 하나님을 체험하게 하셨습니다.

살다 보면 도저히 감사할 수 없는 상황이 올 때도 있었습니다.

그럴 때는 하나님 나의 생각으로는 도저히 감사할 수 없습니다.

그러나 하나님 아버지께서 감사하라 했으니 감사합니다.

감사를 부르짖으며 감사할 때 문제가 해결됨을 많이 체험하게 하셨습니다.

혹시 이 글을 읽는 여러분 지금 여러분에게도 풀리지 않는 문제가 있다면 감사로 부르짖으며 나아갈 때에 문제가 해결될 줄로 믿습니다.

나의 현실은 노점상

현실의 문제는 너무나도 어렵고 힘들었습니다.

지금도 보통 사람이 1억의 돈을 만들려면 10년이 걸린다고 하는데 1996년도에 1억 3,000만 원의 빚을 지고 있는 나는 갚을 길이 없었습니다.

나는 전화 받기가 두려웠습니다. 한 달이 지나면 200만 원의 이자가 늘어났습니다.

이제 무언가는 결단할 때가 된 것 같았습니다.

나는 다시 노점 장사라도 해야겠다는 생각을 가지고 대구에 있는 옷 공장에 편지를 썼습니다.

"나에게 100만 원어치의 옷을 외상으로 주십시오.

내가 죽게 되면 내 아내가 조의금이라도 받아서 갚을 것입니다."

이 내용의 편지를 대구에 있는 옷공장 사장님에게 편지를 써서 보냈습니다.

며칠이 되어 500장에 티셔츠(100만 원 상당)가 도착했습니다.

아내는 집 앞에서 노점을 하며 팔고 나는 여기저기 돌아다니며 노점에서 팔기를 시작했습니다.

노점은 만만치 않았습니다.

치열한 자리 다툼, 추위 단속과 또 사장님 소리를 듣다가 노점 장사를 한다는 것은 정말 힘들었습니다.

이때도 아내와 나는 두 손을 마주잡고 기도했습니다.

우리는 하나님 앞에서 지금 시험을 치르는 중이다.

우리는 지금 터널을 통과하는 중이야. 반드시 끝은 있을 거야. 어두운 밤이 지나면 새 날이 오듯 추운 겨울이 지나면 따뜻한 봄이 올 거야. 하며 서로 위로하고 격려했습니다.

이때 가장 많이 부른 찬송이 인생길 험하고 마음 지쳐였습니다.

노점 탈출

그러던 어느 날 상지초등학교 앞에서 노점 장사를 하는데 60만 원치 매상을 올리게 되었습니다.

대박 난 날이죠. 앞을 보니 노점이 형성되어 방을 털어 가게를 만드는 것을 보게 되었습니다.

나는 그 가게에 임대하고 싶어서 가게를 바라보며 기도를 했습니다.

그리고 다음날 새벽 기도를 마친후 건물에 들어가 기도를 하였습니다. 하나님 이 가게를 저에게 주십시오.

옆 가게는 우리 다른 집사님에게 주시고.

저에게는 이 가게를 주십시오. 이렇게 새벽기도 시간에 기도하고 낮에 건물주를 찾아가서 "나에게 이 가게를 주십시오" 했더니 거절을 당했습니다.

나는 건물주에게 "당신 지금 무슨 소리 하는 겁니까. 하나님께서 주신다 해서 왔는데 당신이 무슨 권리로 준다 안 준다 합니까" 하고 전화번호를 주고 왔습니다.

　일주일 정도 지났는데 건물주로부터 전화가 왔습니다.

　나만 가게를 하라는 것이었습니다.

　가게를 하라는 이유인 즉 "내가 눈만 감으면 당신이 나에게 눈을 부릅뜨고 한 말이 떠올라서 잠을 잘 수가 없으니 당신만 가게를 하라" 했습니다.

　이렇게 4평 정도 되는 가게를 얻어서 아내는 가게를 보고 나는 낮에는 노점장사, 밤에는 가게들을 돌아다니며 장사를 하러 다녔습니다. 이렇게 1년간 장사하다 보니 시장이 형성되어 교통이 복잡하고 가게가 너무 적어 무조건 가게를 넘기고 일주일 후에 비워주어야 했습니다.

　그리고 가게를 옮겨야 했습니다.

　나는 이 문제를 하나님 앞에 오늘 밤 해결을 받으리라 결단하고 교회에 가서 이불을 뒤집어쓰고 기도하다 잠이 들었습니다.

　문소리에 깜짝 놀라 잠에서 깨어보니 사관(목사)님께서 새벽 기도에 오셨습니다.

　새벽 기도를 마치고 비 오기를 기도했으니 우산 들고 나가는 마음으로 '주여 인도하여 주옵소서' 하고 가게를

노점 탈출 61

찾아나섰습니다.

가게를 얻기 위하여 대로변에 있는 슈퍼에 들러서 "이 근처에 혹시 가게 나온 것이 없습니까?" 하고 물어보니 "우리 가게 하시오" 해서 하나님의 은혜로 그 가게를 계약하게 되었습니다. 가게를 계약하고 그 가게 들어가서 보니 반은 합판으로 막아서 쓰는 두 칸짜리 가게였습니다.

나는 발로 벽을 뻥 차며 "하나님 합판으로 벽을 막았는데 이 벽을 털어주십시오, 베니다 화판이라 헐기도 쉽습니다" 하고 기도했더니 하나님께서 기도를 들으시고 벽을 헐어주셔서 두 칸의 가게를 통합해서 한 칸의 가게를 만들었습니다.

한칸의 가게로 만들어서 장사를 하고 있는데 건물을 사러오는 사람이 있었습니다.

나는 다시 하나님게 기도합니다. "하나님 이게 왠일입니까. 가게를 터서 이제 장사할만하니 건물을 팔아버린다니요. 하나님 이 건물을 저에게 주십시오." 하고 기도하였습니다.

하나님께서 은혜 베푸셔서 건물을 구입하게 하셨습니다. "할렐루야"

이 일에 응답하신 하나님께 감사와 영광을 돌립니다.

수련원 피아노

어렵사리 장사를 하고 있을 때 구세군의 기도원이 건축된다는 이야기를 들었습니다.

구세군의 영동 수련원이 건축될 때 일입니다.

나는 비품 중에 가장 비싼 비품을 드리고 싶은 생각이 들었습니다.

그래서 당시 750만 원짜리 그랜드 피아노를 헌납하려고 마음먹고 하나님께 기도하였습니다.

"하나님 구세군 수련원에 그랜드 피아노 살 수 있도록 복을 주세요" 하고 기도했습니다.

그리고 사관(목사)님을 통해 본영에 "750만 원 그랜드 피아노 헌납을 하겠습니다" 하고 말씀드렸더니 "3,750만 원짜리가 아니면 안된다"고 했습니다.

그러면서 키보드를 헌납하는 것이 어떻겠느냐 하는 것이었습니다. 나는 단박에 거절하였습니다.

왜냐하면 전 재산이 3,750만 원이 안되었는데 3,750만 원짜리 피아노를 헌납하기는 너무 큰 부담이라 할 수 없었습니다.

그래서 나는 기도했습니다. "하나님 과부의 두렙돈을 전부라고 받으시고 칭찬하신 하나님께서 제가 온마음과 정성을 다해서 750만 원짜리 피아노를 드리려 하는데 피아노를 받지 않으시는군요."

나는 실망해서 '없었던 걸로 하죠'. 기도하고 나서 포기하고 잊어버렸습니다.

2년정도의 시간이 지나 기도원이 완공되고 비품이 들어갈 때가 되었습니다.

본영에서 전화가 왔습니다.

"그랜드 피아노 아니어도 좋으니 피아노 헌납 해줄 수 없냐"고 전화가 왔습니다.

그래서 나는 "그게 무슨 소리입니까? 하나님께서 제 기도 들으신 겁니다. 처음 그대로 그랜드 피아노 드립니다." 하고 전화를 끊었습니다.

다음날 곧바로 신세계 백화점에 전화를 하여 구세군 영동 수련원으로 피아노 한대를 배달시켰습니다.

그리고 담임 사관(목사)님하고 함께 가서 피아노를 받아놓고 나는 가진 현금이 하나도 없어서 가계수표를 날짜 없이 끊어주고 돌아왔습니다.

다음날 하나님께 기도했습니다.

"하나님 응답 주셔서 감사합니다.

피아노를 하나님께 드렸으니 저는 하나님께 약속을 지켰습니다.

하나님 약속을 지키게 해주셔서 감사합니다.

그러나 저는 어제 발행한 가계수표 돌아오면 저는 부도납니다.

그렇지만 부도나는 것은 하나님 책임이 아닙니다.

돈 없는 제가 잘못입니다.

그러나 드리고 싶은 피아노를 하나님께 드릴 수 있어서 감사합니다." 하고 기도를 하였습니다.

그런데 그날 가계수표는 돌아오지 않았습니다.

그 다음날에도 가계수표는 돌아오지 않았습니다.

어렵게 어렵게 돈을 마련하면 한 장 돌아오고 또 돈을 마련하면 한 장 돌아오고 하여 부도도 나지 않고 약속한 피아노를 하나님께 드리게 되었습니다.

또 하나님께서 복을 주셔서 그 후 장사도 잘 되었습니다.

이 일을 행하신 하나님께 모든 영광을 돌립니다.

집을 주신 하나님

저희는 부부와 두 아들이 적은 집에 살고 있을 때입니다.

어머님이 저희 집에 올라오셔서 잠깐 모시게 되었습니다.

아내와 나는 하나님의 교회가 월세에 있는데 성전을 건축하기 전에는 집을 늘려갈 생각은 꿈에도 하지 말자 라고 하였고 집을 늘려갈 생각은 한 번도 하지 않았습니다. 그런데 어머니가 오셔서 어머니를 모시자니 집이 좁음을 느꼈고 아내는 전세라도 가볼려고 집을 알아보니 전세는 커녕 월세도 못 갈 형편이었습니다. 집값이 8,000만원인데 융자는 1억 있는 집에 저희가 살고 있었습니다.

그래서 아내는 집 구하기를 포기하였고 아내와 나는 하나님께 기도 하였습니다.

하나님 어머니를 모셔야 되는데 하나님 집을 주십시요?

또 비 오기를 기도했다면 우산 들고 나가는 심정으로 부동산을 돌아 다녔습니다.

당시 저희가 가진 돈은 전부가 160만 원이었습니다.

그러나 하나님이 집을 주실 때는 돈도 주시는 하나님을 저희 부부는 기도 응답의 경험을 통하여 잘 알고 있었습니다.

어느날 우연히 벼룩시장을 보다가 신도시 39평 아파트 매매광고를 보게 되었습니다.

부동산 연락처가 있어서 밤 9시에 부동산에 찾아가서 30만 원을 우선 계약금으로 드릴 테니 어떻게든지 계약서만 써달라하여 계약을 위한 계약을 체결하고 집을 구하게 되었습니다.

그런데 많은 부채가 있었으나 모든 빚을 갚아주시면서 하나님은 집을 구입하게 하시고 어머니는 6개월 동안 계시다가 다시 시골로 내려가셨습니다. 하나님의 성전을 건축하기 전에는 집을 구입하지 않으려고 했으나 하나님이 집을 주셔서 너무 죄송하고 감사하였습니다.

집을 구입한 저희들은 하나님께 다시 기도했습니다.

성도들과 건축한 부천 구세군교회

 하나님 저희 부천 구세군교회 성전을 건축하게 하옵소서 하고 기도하였습니다.
 교회의 성전 건축은 성도들과 함께하기로 기도하고 전 성도가 마음을 같이해서 하루 한 장 벽돌 쌓기를 시작하였습니다.
 주일학교부터 노년에 이르기까지 모두 참여 하였습니다.
 60명의 성도가 하루 한 장 벽돌 쌓기를 시작했습니다. 벽돌 한 장 값 500원 60명이면 하루 3만 원
 이 돈으로 성전은 건축할 수 없지만 우리는 하나님 앞에 씨앗을 심는 마음으로 기도하며 헌금을 하였습니다.
 담임 사관(목사)님께서도 교회의 그림을 그려놓고 스티커를 붙여가며 헌금하며 기도했습니다. 그 결과 모든 성도가 마음을 모아 137평의 6층에 있는 건물을 3억 정도의

분양받게 되었습니다.

저희 집을 담보로 1억 2,000만 원에 빚을 지고 분양 받았기 때문에 이 빚을 갚기 위해 기도했습니다.

하나님 교회 빚은 누가 갚아야 됩니까?

사관님이 아르바이트해서 갚아야 됩니까?

제 생각에는 성도들이 복을 받아서 갚아야 된다고 생각합니다.

하나님 우리 부천 구세군교회 성도들에게 복을 주십시오. 십일조가 늘어나 빚을 갚게 해주십시오라고 기도했습니다.

교회 헌금이 한 달 6~700만 원 정도였는데 천사오백만 원으로 늘어나면서 1년 만에 교회 빚을 다 갚았습니다.

교회 빚이 있다면 당연히 성도들에게 복을 주셔서 빚을 갚게 하시고 성전 건축 전에는 집을 늘리려 하지 않았으나 하나님께서 복을 주시므로 집을 늘려주시고 하나님의 성전을 건축하게 하시는 놀라운 일을 하나님은 행하셨습니다.

할렐루야 하나님께 모든 영광을 돌립니다.

입당 예배 기도

교회 입당 예배를 드리는 날 입당 예배를 드리면서 하나님께 이렇게 기도했습니다.

하나님 죄송합니다. 부끄럽습니다.

그렇지만 성도들과 함께 성전을 건축했으니 하나님 저에게도 건물 좀 지어주시면 안 되겠습니까?

저에게는 600만 원이란 돈이 있습니다. 이 돈으로 건물을 지어 주십시오. 그리고 6층 높이로 지어주십시오. 이렇게 기도했습니다.

하나님께서는 응답해주셨습니다.

동네에 건물을 짓기에 가서 물어보니 건축업자께서 저희집을 찾아오셨습니다.

그러면서 우리 건물을 지어 준다는 것이었습니다.

가진 돈이 없다고하니 가지고 있는 돈만 주시고 천천히 주시라 하셔서 600만 있는 돈 드리고 5층 건물을 6층 높이로 지어주셨습니다.

그리고 2년에 걸쳐서 조금씩 돈을 드려서 갚았습니다.

건물이름을 임마누엘 빌딩이라 이름을 짓고 입주 예배를 드리는 날 기도했습니다.

하나님 임마누엘 빌딩을 주셔서 감사합니다.

임마누엘 빌딩을 통해서 앞으로 4년 후인 2007년 5월 17일까지 남의 도움 한푼도 받지 않고 하나님의 성전을 건축하게 하여 주십시오. 이렇게 기도하였습니다.

그리고 5층에 기도실을 마련하여 현수막을 만들어 붙였습니다.

현수막 내용인 즉 나의 하나님 여호와여 종의 비는 기도와 간구를 돌아보시며 종이 주 앞에 부르짖음과 비는 기도를 들으시옵소서. 원컨대 주께서 내게 복에 복을 더하사 나의 지경을 넓히시고 주의 손으로 나를 도우사 하나님의 성전을 건축하게 하옵소서. 아멘

이 말씀을 바라보며 매일 말씀과 기도로 하루를 시작했습니다.

그리고 매일 첫열매를 모아서 건축 헌금으로 적립을 했습니다.

위암에 걸렸습니다

어느 날 사관님과 식사 중에 한 통의 전화를 받았습니다.

헬스 강사 선생님이신 어느 분이 암에 걸려서 한번만 기도해달라는 전화였습니다. 그래서 가서 보니 허벅지가 나의 허리만한 분이셨는데 뼈만 앙상이 남아있는 모습을 보았습니다.

그는 늙은 부모님 토끼 같은 자식 또 여우같은 마누라가 있었습니다. 나는 그분을 위해 기도했습니다.

하나님 늙은 부모님이 계시고 토끼같은 자식이 있고 여우같은 마누라가 있는데 하나님이 이 사람을 고쳐 주십시오.

기도 했지만 그는 죽었습니다.

문상을 다녀와서 너무나 심란한 마음으로 있을 때에 아내가 나에게 "여보 당신도 건강검진 한번 받아 보라"하며 순천향대 병원에 예약을 해주었습니다.

건강검진 결과 내가 위암으로 위를 절단해야 한다 했습니다.

나는 그 말을 듣는 순간 마음으로 하나님께 부르짖으며 기도했습니다. 하나님 저 죽는 것은 괜찮은데 하나님 성전 건축하는 것은 어떡합니까? 라고 기도하면서 수술 예약을 하였습니다.

그리고 기도문을 작성했습니다. 내용인 즉 암을 주신 하나님 감사합니다. 예수 믿는 내가 암에 걸렸다고 불평하지 않게 하시고 이 암을 통하여 하나님의 영광이 드러나게 하시옵소서. 그리고 기도중인 성전 건축을 2007년 5월 17일까지 건축하게 하옵소서. 라고 기도를 하였습니다.

그러나 한쪽 마음은 심란했습니다.

밖에는 진눈개비는 오고 여태 고생하다 건물 마련하여 장사 좀 하나 했더니 암에 걸리다니 생각했으나 곧바로 생각을 바꾸어 감사 기도를 하였습니다. 하나님 암을 주셔서 감사합니다. 내가 암에 걸렸다고 내 입술이 불평하지 않게 하옵소서. 하고 기도했습니다.

그러던 중 2004년 3월 5일 금요일 밤 기도 시간이었습니다. 담임 사관 동부인과 몇몇 성도들이 나를 가운데 두고 동그랗게 둘러모여 나를 위해 합심 기도하는 시간을 가졌습니다. 그런데 그 가운데 담임 사관님의 기도 소리가 내 귀에 더욱 크게 들려왔습니다.

"하나님이 주신 귀한 몸에 칼을 대지 아니하게 하옵소서" 하는 외침의 기도 소리였습니다. 나도 그 기도 소리를 듣고 그렇다 하고 나도 "하나님이 주신 귀한 몸에 칼을 대지 아니하게 하옵소서" 하고 기도하였습니다.

기도회가 끝나고 강당에 서서 손을 높이 들고.

"하나님 저 수술 안 합니다. 하나님께서 저를 3일만에 고쳐 주실 것입니다."라고 선포하였습니다. 성도들이 웃었습니다.

"나를 위해 실컷 기도하고 하나님이 고쳐주신다니 웃다니" 나는 황당했습니다. 그리고 순간 기도했습니다.

하나님 정교 (장로)가 암에 걸려 기도해서 암 낫겠다는데 성도들이 웃었습니다.

"하나님 제발 제 체면 좀 살려주세요.

하나님 제발 저를 쪽팔리지 않게 해주세요 하나님이 고쳐주시지 않는다면 저 쪽팔려 못 삽니다" 하고 기도했습니다.

그리고 토요일 주일을 지나 급속하게 치료됨을 통하여 살아계신 하나님의 능력을 보여주셔서 하나님을 증거하고 하나님의 이름을 높이게 하옵소서 이렇게 기도를 드렸습니다.

이제 월요일이 되었습니다. 인천 길병원으로 갔습니다.

병원에 가기 전 다시 한번 내 위치를 확인하는 위치 확인 기도를 드렸습니다.

기도 내용인 즉 '주님 나는 주님의 영광을 위하여 지음을 받았습니다.

하나님께서는 나의 주인이 되시며 나는 주님의 어린 양입니다.

주님은 토기장이시요 나는 진흙입니다. 주님은 포도나무요 나는 가지입니다.

나는 주님없이 살 수 없고 오직 주님의 손에 붙들려 삽니다. 주님 종을 기억하사 주님이 주신 귀한 몸에 칼을 대지 아니하게 하옵소서.

또한 짧은 시간에 깨끗이 치료 됨을 보여주시옵소서' 하고 두 가지 기도 제목으로 하나님께 기도드렸습니다.

첫째 당신은 전혀 이상 없는 사람입니다.

두 번째 주님 제가 너무 염치없는 기도라면 나를 만지는 의사의 투약이나 처치로 저를 해결하여 주옵소서 하고 기도했습니다.

병원에서 진료를 받고 내가 눈을 떴을 때에는 병원에서 6인실 병실이었습니다.

결과는 두 번째 방법 의사의 처치로 하나님은 나의 암을 고쳐주셨습니다.

병실에 있는 동안 나를 제외한 5명은 환자들에게 복음을 전하기로 마음 먹고 저들에게 성경책을 한 권씩 사 주었습니다.

그리고 간증하며 다섯 모두에게 복음을 전하였습니다.

너무 기쁨으로 복음을 전하니 다른 병실에서 어떤 환자가 찾아와서 너무 기뻐하는 암환자가 있다기에 나를 찾아오신 분도 있었습니다.

나는 예수믿는 사람입니다. 죽으면 천국가는데 암에 걸려도 기뻐 할 이유가 있습니다 하고 말하였습니다.

또 아침에 병실에서 기도를 함께 드리는데 문 입구의 환자는 아무도 들어오지 못하도록 문을 잠가버리기도 하였습니다.

하나님은 이렇게 내게 은혜 베푸시고 나를 고쳐주셨습니다.

나는 내가 암에 걸릴 것을 생각해 본 적이 없습니다. 그러나 내가 암에 걸렸습니다.

전처럼 소화제나 먹고 병원에도 가지 않았다면 내가 죽을 수도 있었겠구나 생각하니 다시 한번 하나님께 감사를 드릴 뿐입니다.

하나님께서는 내가 암에 걸릴 것을 미리 아시고 1년 전부터 암 환자를 위해 새벽마다 기도하게 하시고 "암세포야 죽어라 막힌 장아 뚫어져라" 부르짖으며 기도하게 하셨습니다. 암세포야 죽어라 기도한 것은 결국 내 몸에 있는 암세포를 죽이기 위한 하나님의 계획이시고 은혜라고 생각하니 너무너무 감사했습니다.

살아계신 하나님께서는 담임사관(목사)님과 기도하는 모든 성도들의 기도를 들으시고 나를 쪽팔리게 하지도 않으시고 내 체면도 살려주시고 많은 건축헌금도 하게 해주시고 저희 암을 치료해주신 여호라파 하나님께 감사와 영광돌립니다.

첫번째 건축성전 문학구세군교회
(현 미추홀영문 건축)

나는 임마누엘 빌딩 입주예배때 드린 성전건축기도를 2007년 5월 17일까지 성전 건축을 목표로 기도하고 있었습니다.

암을 고쳐주신 하나님의 은혜가 너무 감사해서 성전 건축을 2년 앞당겨 하기 위해 기도를 바꾸었습니다.

그리고 전도한 성도 중 그림에 소질있는 성도에게 교회의 그림을 한 장 그려 달라 부탁하여 교회의 조감도를 그려서 받았습니다.

그리고 그 그림안에는 수많은 칸을 그려 넣어 하루 한 칸씩 색칠해가며 벽돌을 쌓는 마음으로 기도하였습니다.

그리고 선교통장을 만들어 첫 열매를 적립하고 사용목적을 이웃과 선교와 교회 건축으로 사용하기로 하고 자다가 꿈을 꾸어도 성전 건축을 하는 꿈을 꾸게 해달라며 기도했습니다.

나의 기도실에 붙어있는 현수막을 보며 기도하였습니다.

성전을 건축한다 하니 본영에서는 계획서를 제출하라 하였습니다.

그러나 나는 아무런 할 말이 없었습니다. 왜냐하면 나에게는 돈 한 푼 없는데 무슨 계획서가 나올 수 없었기 때문이었습니다.

나에게 계획서는 오직 하나님뿐이었고 계획서란 오직 눈물의 기도뿐이었습니다.

나는 하나님의 마음만 움직일 수 있다면 성전은 건축되는 것이므로 하나님의 마음을 움직일 수 있는 힘은 오직 눈물의 기도라고 생각하기에 눈물로 기도했습니다.

예수님의 옷자락을 만지려는 혈류병 여인처럼 잠을 자면서 침대다리를 예수님이라 생각하고 붙들고 잠을 잔 적도 있습니다.

교회의 의자를 천사와 씨름하는 야곱처럼 교회의자를 부여잡고 기도했습니다.

믿음은 바라는 것들의 실상이요. 보지 못하는 것들의 증거라고 했고 또 비 오기를 기도했다면 우산 들고 나가야 했으니 교회 지을 땅을 찾아 다니다가 김포의 대지 250평 건평 200평 건물을 보게 되었습니다.

이때까지 모아진 돈이 500만 원이 되어 있었습니다.

나는 그 500만 원으로 무조건 구두 계약을 하고 돌아왔습니다.

그런데 9일 만에 해약을 당했습니다.

하나님께서는 너무 무리라고 생각하신 모양입니다.

아내의 코피

지방 장관(감독)님과 담임사관(목사)님과 또 다른 건물을 보고 계약을 하러 했는데 갑작스런 아내의 코피로 병원에 실려가게 되었습니다.

아내는 3일 동안 코피를 멈추지 못하고 의사 선생님은 더 이상 못 하겠다고 손들고 가버렸습니다.

당시 병실에는 저희 교회(부천구세군교회)두 분의 부교님(집사)들이 아내의 병수발을 들고 계셨습니다.

나는 두 분 집사님들에게 말하였습니다.

"사람의 끝이 하나님은 시작이다.

우리 함께 기도합시다." 그리고 아내의 머리에 손을 얹고 하나님께 간절히 기도했습니다.

하나님 보셨지요? 의사가 하다가하다가 더이상은 못하겠다고 가버렸는데 어떡합니까?

사람의 끝이 하나님의 시작임을 믿습니다.

하나님 아내의 코피를 멈춰 주옵소서 하고 간절히 기도를 했습니다. 그리고 아내의 머리에서 손을 떼자 하나님은 아내의 코피를 멈춰 주셨습니다. 할렐루야

하나님 감사합니다.

함께 기도한 두 분 부교(집사)님께서는 그 중 한 분께서 주일날 이 일을 간증을 하셨습니다.

그리고 교회 계약은 하지 못하게 되었습니다.

내가 교회 건축진행을 너무 힘들어 머뭇거리자 아내는 말하였습니다.

여보 나 괜찮아 우리 집 팔고 월세 가고 그 돈으로 하나님교회 건축하자. 하며 교회건축을 하라고 격려해 주었습니다.

그래서 저희는 무조건 집을 팔았습니다.

그리고 집 판 돈으로 교회를 건축하려고 건물을 팔라고 하였더니 건물을 팔지 않아서 세 번째 시도한 성전 건축이 무산되었습니다.

나는 다시 하나님께 기도했습니다. 하나님 성전 건축이 왜 이리도 어렵습니까? 성전 건축만 하려면 일이 터지고 코피 터지고 이제는 집까지 팔았으니 저 갈 곳도 없습니

다.

주님 성전 건축을 허락치 않으시면 집을 다시 구입해도 될까요.

기도하고 모든 조건을 무시한 채 교회에서 300미터 거리에 있는 곳에 집을 구입하여 이사하였습니다.

결국 2005년도에는 성전 건축을 하지 못했습니다.

이제 2006년도가 되었습니다.

2006년도에는 나의 모든 기도 제목을 포기하고 2006년은 성전 건축하는 해로 정하고 기도하였습니다.

이제 모은 돈이 2,000만 원이 되었습니다.

건물을 찾아다녔습니다.

그러다가 인천 문학동에 건물을 보게 되어 건물을 계약하고 집을 담보로 융자 3억원을 받고 행사비 1,000만 원 포함 3억 2,000만 원으로 문학구세군교회(현재는 이름이 바뀌어 미추홀구세군교회)가 하나님 은혜 가운데 2006년 5월 17일 헌당 예배를 드림으로 첫 번째 교회를 건축하게 되었습니다. 할렐루야

고난속에서도 성전을 건축하게 하신 하나님께 모든 영광 하나님께 돌립니다.

몽골 구세군교회

본영에서 사령관 특사로 두 분 사관님을 저희 집에 보내오셨습니다. 내용은 몽골에 교회를 건축하자는 내용이었습니다. 나는 아내에게 우리 3억 원의 교회 건축 빚이 있지만 몽골에 교회를 건축하자고 말했습니다.

내 아내 이미숙 부교는 한국에서 교회를 지으면서도 죽을 뻔했는데 죽을 각오를 해야겠네 하면서 결심을 했습니다.

결국 아내는 최선을 다해 몽골의 교회를 건축하라는 말을 남기고 아들 결혼식을 준비해 주고 결혼식은 참석 하지 못한 채 황당하게 병원에 갔다가 감염되어 하나님의 부르심을 받고 하나님께로 돌아갔습니다.

나는 장례를 치르고 아내의 조의금과 아들 결혼 축의금 등등을 합하여 몽골에 구세군 교회를 세우게 되었습니다.

아내는 천국에 갔지만 하나님의 교회는 많은 영혼을 구원할 것입니다.

천국으로 간 아내

천국간 아내 이야기가 나왔으니 아내 이야기를 하겠습니다.

내 아내는 연애했다는 이유로 1,000원짜리 한 장 들고 집에서 나와 온갖 고생을 하다가 이제 먹고 살만하니 만성신부전증에 걸리게 됐습니다.

아내는 신부전증으로 이틀에 한 번 일주일에 3회 혈액투석을 하고 있었습니다. 나는 퇴근 시간이 되면 병원에 가서 아내와 함께 집에 가기 위하여 병원에서 아내를 기다리는 것이 유일한 기쁨이고 행복이라고 생각하고 병원에서 아내 투석이 끝나면 비틀거리는 아내를 부추겨 집으로 함께 돌아왔습니다.

아내는 때로는 밤새 고통을 참으면서 잠자는 나를 깨우지 않으려고 옆방이나 거실에 나와 기도하는 아내였습니다.

이런 아내에게 신장 기증자가 나타났습니다. 기증자는 다름 아닌 며느리의 어머니인 사돈 어른이 신장 제공자가 되어 사돈이 사돈에게 신장을 기증키로 한 것입니다.

아내는 아들의 결혼식을 준비하고 결혼 날짜를 받고 이식 수술을 하고 와서 결혼식을 하기로 했습니다. 그리고 신촌 세브란스병원에 입원하여 면역 억제제를 먹고 이식 수술을 하려 했으나 수혈로 인하여 항체가 생겨 조금 미루자고 하고 퇴원 수속을 밟았습니다.

그리고 그날 밤 큰아들과 나는 이불을 뒤집어 씌우면서 "최선을 다했습니다만 운명하셨습니다." 하고 장난을 치고 아내에게 내일 아침 데리러 올게 하고 병원을 나서 집으로 왔습니다.

다음날 아침 아내를 데리러 병원에 갔습니다. 병원에 도착하여 병실에 갔더니 아내가 갑자기 환자가 되어 있었습니다.

황급하게 의료진을 불러서 검사를 했더니 폐렴에 감염되었다 했습니다.

아내는 면역 억제제를 먹고 있어서 면역력이 없는 관계로 곧바로 중환자실로 가야 한다 했습니다.

나는 전날 밤 "최선을 다했습니다만 운명하셨습니다." 장난친 것을 후회하며 가슴이 무너져 내려왔습니다. 정말 말 조심을 실감하였습니다.

아내는 중환자실에서 수없이 내시경 수술과 치료를 했지만 몸은 점점 더 쇠약해져만 갔습니다.

나는 3개월 동안 중환자실 대기실에서 쭈구려 잠을 자며 하루 한두 번 아내의 얼굴을 고작 10분 정도 보는 것이 전부이고 아무것도 할 수 있는 것이 없었습니다.

그러던 어느 날 아내는 "나 천국 갈거야. 천국 갈 때 군복 입고 갈거야" 하면서 군복을 가져다 달라고 말하기도 했습니다.

그리고 어느 날 "여보 미안해 나 안 될거 같아 몽골에 교회 건축에 함께 하지 못해서 미안해" 하는 것이었습니다.

아내는 죽음의 순간에도 최선을 다해 몽골교회를 건축하라고 말하는 것이었습니다.

나는 이런 아내를 병원에 놔두고 아들의 결혼날이 다가와서 두 번이나 연기하다가 또 아내가 없어도 아들 결혼식을 올려야 되겠다.

그래야 엄마 마음이 편하겠다는 생각으로 주변 사람들의 만류에도 불구하고 결혼식을 강행했습니다.

그리고 아들의 결혼식을 마치고 아들 며느리가 엄마를 보러 갔습니다.

아내는 엄마가 아들 결혼식에도 참석 못해서 미안하다 축하한다고 말하였습니다.

그 후 시간이 흘러 아내는 점점 뼈만 앙상하게 남아 있는 모습을 보니 정말 마음이 아파 견딜 수가 없었습니다.

다음날 새벽에 나는 하나님께 부르짖어 기도했습니다.

"하나님은 전능하신 하나님이 아니십니까? 아내를 벌떡 일으켜 하나님이 살아계심을 보여주시옵소서, 아니면 당장 데려가세요" 하고 부르짖으며 기도했습니다.

기도를 마치고 오전 8시 아내의 얼굴을 보고 집에 오려고 병원 문을 나서는데 병원에서 전화가 왔습니다.

이미숙 씨 운명 준비하시오 하는 담당 의사의 전화였습니다. 전화를 끊고 곧바로 기도를 하였습니다.

하나님 잠깐만요 이대로는 안됩니다.

저도 조건이 있습니다.

나는 하나님께 나의 조건을 제시했습니다.

첫째 찬송 속에서 데려가십시오.

둘째 아내가 천국에 갔다는 것을 내 마음속에 확신있게 하여 주시고 데려가십시오.

셋째 그래도 데려가신다면 저는 모든 것을 내려놓고 시골에 내려가서 살겠습니다.

이렇게 하나님께 기도를 했습니다.

그런데 첫 번째부터 할 수가 없었습니다.

대형종합 병원 중환자실은 그것도 격리실인데 많은 사람들이 들어가서 찬송을 부른다는 것은 말도 안 되는 일이었습니다.

또 병실로 옮기자 하니 병실이 없다는 것이었습니다.

나는 아들을 불러놓고 세브란스 병원에서 가장 비싼 특실로 가자 하루에 당시 한 300만 원 되는 것 같습니다.

그리 옮겨달라 했더니 이번에는 산소 호흡기가 없어서 가다가 운명한다는 것이었습니다.

그래서 지인 정교(장로)님에게 전화를 했더니 자기 병원 것 임대해 와서 의료진과 가족들과 병실에 올라왔습니다.

아내를 찬양 속에서 데려가라 했는데 병실로 올라온 다

음 마침 세브란스병원 찬양팀이 오는 것이었습니다.

그리고 내가 몸 담았던 하니브로 찬양단이 왔습니다.

거기에 우리 부천영문 성도들이 도착했습니다.

또 정교(장로)님께서 지휘를 하시면서 또 앞에 찬송가를 불러주면서 아내 천국가는 길을 환송했습니다.

나는 아내에게 "당신은 행복한 사람이야.

남편의 손을 잡고 많은 사람들의 찬송 속에서 하늘나라에 갈 수 있지만 나는 이후의 삶을 알 수 없어" 말하고 있을 때 손을 잡고 있던 아내의 손에 힘이 빠지는 것을 느끼며 아내는 하나님이 계시는 천국으로 돌아 갔습니다.

아내의 장례 예배

이제는 장례식을 치루어야 했습니다. 장례식장을 예약하고 아들들에게 엄마가 천국에 가셨으니 하나님을 믿는 사람이라면 우리는 슬픔의 기색을 띠지 말자며 기쁨으로 어머니를 보내드리자 말 하면서 문학 영문 개척 당시 찍은 가장 화려하게 꽃다발을 들고 웃고 있는 사진을 선택하고 조문객에게 전달 메시지를 작성했습니다.

전달 메세지는 사랑하는 여러분 저 먼저 천국에 갑니다.

예수 잘 믿으셔서 우리 천국에서 만납시다.

'또 당신은 이런 아내였습니다.

28년 동안 남편의 아침을 한번도 거른적이 없습니다.

한푼 두푼 모은 돈 시골 교회에

선교차량으로 사드렸습니다.

아무리 몸이 아파도 잠자는 남편을

깨우지 않으며 홀로 기도했습니다.
성전 건축에 힘쓰는 남편에게
집 팔아 성전 건축하라며
격려하는 아내였습니다.
당신은 하나님만 사랑하고
가족만 사랑하는 아내였는데
이제 당신은 사랑하는 하나님께 돌아갔습니다.
당신을 사랑하는 남편.'
등의 프랑카드를 만들고 장례식장에는 술 반입 금지와 문상객 절 금지 등을 정하고 장례식을 치르니 많은 사람들이 어리둥절했습니다.

옆에서 지나가며 들어보니 이 집이 초상집이냐 잔치집이냐 서로 분간이 안 된다 이야기를 하는 것이었습니다.

장례식의 소문을 듣고 어떤 지방에 목사님은 순서 장례예배 순서지를 좀 볼 수 없냐는 분도 계셨습니다.

마지막으로 운구를 하는데 하니브로 선교단이 정장 차림을 하고 천국에서 만나보자 잠시 세상에 내가 살면서. 우렁차게 찬송을 부르면서 부르면서 운구를 하는데 정말 이것이 천국에 가는 거구나.

천국은 이렇게 가는구나. 하는 확신이 들어왔습니다.

이렇게 28년 동안 한끼 아침도 거르지 않고 차려주며 희생하고 헌신한 고 이미숙 부교(집사)는 사랑하는 하나님품으로 돌아갔습니다.

부천 구세군교회 이전

교회가 복합상가라서 늘 마음이 무거웠고 단독 건물로 옮겨가야 한다는 생각을 가지고 있었습니다.

교회를 이전하는 것은 혼자 생각하는 것이 아니라 모든 성도들의 마음을 하나로 통일해야 한다는 생각을 했습니다. 정교(장로)님에게 말씀을 드렸습니다. 정교님 왜 교회 옮기는 것을 부담스러워하죠 말하였더니 "헌금을 할 형편이 안 된다" 했습니다. 나는 정교(장로)님에게 부탁을 했습니다. "정교(장로)님 생각을 바꾸면 안 될까요? 하나님께 이렇게 기도하십시다. 하나님 저는 돈이 없으니 하나님 저는 기도하겠습니다." 하고 기도해 주세요. 이렇게 해서 부천역 앞에 있는 대지 142평 지하 1층 지상 3층의 건물 15억에 나와 있어서 이 건물을 매입하기로 운영위원회에서 결정을 했습니다.

건물은 금고건물인데 나는 무조건 1억 4,000천만 원을 하나님 건물 십일조입니다.

하며 기도하고 금고 이사장님에게 갖다 맡기고 건물 계약금이라고 했습니다. 이 건물을 저희 교회가 살 것이라고 말을 했더니 금고에서는 건물을 팔지 않겠다며 돈을 도로 가져가라 했습니다. 하지만 내가 그 돈을 찾아오지 않았습니다. 시간이 오래되니 나중에 주민번호 불러달라 하더니 내 이름으로 통장을 만들어 그 돈을 보관하고 있었습니다. 건물 가격 15억이고 리모델링이 2억이 들어한다면 약 17억의 자금이 필요한데 저희 교회에서 할 수 있는 건 6억 정도 뿐이었습니다.

결국 여러 가지 많은 일들이 있었지만 하나님의 은혜로 나의 입을 통해 선포한 대로 14억 건물을 매입하여 지금의 부천 구세군 교회가 되었습니다.

1,000만 원으로 4억 1,000만 원의 교회를 매입한 교회

　부천구세군교회 이전 중 하나님이 역사하신 일들을 간증하고자 합니다.

　저희 기존 교회는 4억 천만 원에 아래층에 있는 골프 연습장을 팔기로 운영위원회에서 결정을 했습니다. 나는 저희 교회가 교회로 팔리기를 기도하고 있었습니다.

　교회를 매매한다고 내놓으니 여러 사람이 교회를 보고 갔습니다. 그런데 그 가운데 한 아가씨가 교회를 판다는 소리를 듣고 아가씨와 교인들이 와서 교회를 보고 간 적이 있습니다.

　나는 그 아가씨에게 당신의 교회의 자금이 얼마쯤 되냐 물었더니 보증금 1,000만 원에 월세 40만 원이라고 하더군요. 근데 목소리를 들어보니 기도를 많이 해서 쉰 목소리가 나고 또 천만 원을 가지고 교회 사러 다니는 모습을 보니 '나같은 미친 사람이 또 있구나' 하는 생각이 들었습니다.

그 아가씨는 가고 나의 마음속에는 그분들의 마음이 계속 기억에 남았습니다.

그리고 교회는 다음날 10시 골프장에 계약하기로 했는데 그날 새벽 기도에 갔습니다.

나는 하나님께 부르짖었습니다.

"지금까지 이곳에서 주님을 찬양하는 찬양소리가 들렸고 또 주님께 기도하는 기도 소리가 들렸습니다.

이제는 이곳에서 기도 소리와 찬양 소리가 골프공 치는 소리로 바뀌는군요.

저희 교회가 교회로 팔리게 해달라고, 매일 기도했는데 골프장으로 팔리다니요 하나님은 찬송 소리보다 골프공 치는 소리가 더욱 좋으신 모양입니다.

하나님 그러나 저는 그렇지 않습니다.

저는 이곳에서 찬송 소리가 계속 나는 것이 더 좋습니다"라고 부르짖으며 기도하고 왔습니다.

골프장에는 10시에 계약하기로 되어 있어서 오전 8시쯤 평소에 만나는 CBMC(기독실업인회) 형님이라고 부르는 장로님에게 전화를 하였습니다.

형님 우리 교회 10시에 4억 1,000만 원에 골프장에 팔립니다.

형님이 우리 교회 사십시오 전화했더니 나 지금 4,000만 원밖에 없는데 하시더라고요.

형님 그럼 그 돈만 보내세요.

나머지는 제가 우선 내서 저희가 계약할 테니 하고 재무님에게 계약금을 송금했습니다.

이제 교회를 계약했으니 되팔아야 했습니다.

형님께서 지난번 찾아온 아가씨 교회에 연락을 했더니 연락이 되지 않았습니다. 알고 보니 모두가 기도원에 가 있었던 것입니다. 그 교회가 교회를 사려는데 돈이 없다는 이야기를 또 다른 장로님이 듣고 그 교회 장로가 몇 명이냐 물어보니 장로님이 셋이라 했더니 쪽팔리게 장로가 셋이나 있으면서 계약금 하나 마련하지 못하냐며 1억을 주면서 나머지는 대출 받으시라고 하면서 1억을 주셨습니다.

그리고 잔금은 대출받으라 하셨습니다. 그러면 대출을 받으면 그 이자는 자기가 내주겠다고 하였답니다.

교회는 잔금을 치르기 위해 이 은행 저 은행 알아보았

으나 개척 교회의 대출이 되지가 않았습니다.

　형님 장로님께서는 평소 잘 알고 지내는 안산의 모 사장님에게 전화를 하였습니다.

　너는 지점장 잘 아니 은행 지점장에게 교회 대출 좀 해주라고 부탁 좀 해라 이렇게 말하였더니 그 사장님은 "형님 쓸데없는 소리 하지 마세요.

　요즘 누가 개척교회 융자 해준답니까 제가 형님의 부탁이니 제가 3억 헌금할 테니 누가 주었단 말도 하지 말고 3억을 가져다 주세요. 그리고 누가 주었다는말 입 밖에도 내지 마세요" 하는 것이었습니다.

　잔금을 치르는 날. 나는 큰며느리에게 누가 가게에 뭐 가지고 오면 재무 부교님께 드리라고 했는데 누가 박스 가져와서 밖에다 놓아두었다가 재무 부교님 오셔서 드렸다 하였습니다.

　이 박스안에는 3억의 현찰이 들어 있는 줄 모르는 며느리는 그 현찰을 가게 밖에 그냥 놔뒀던 것입니다.

　이렇게 하나님께서는 골프장으로 팔리는 하나님의 교회를 안타까워하는 종의 부르짖는 기도를 들으시고 하나님께서는 막판 뒤집기로 하나님의 교회로 바꿔주시고 영광을 받으셨습니다.

　가진 돈이 없어도 꿈을 꾸고 하나님께 기도하며 찾아다니는 교회는 1,000만 원으로 137평의 교회에서 예배를 드리게 되었습니다.

　참고로 돈을 주신 분들은 나도 모르고 아무도 모르는 사람입니다.

　형님이 나한테 하는 말이 "야 나 쪽팔려 못살겠다."

　어떤 놈은 1억 어떤놈은 3억 주는데 나는 뭐냐 너희 교회 음향 장비나 싸게 주라 해서 500만 원 불렀다가 300만 원에 인수해 드렸습니다.

　전능하신 하나님께서는 가진 돈은 없지만 하나님을 의지하고 찾고 구하고 두드리는 교회에 문을 열어주셨습니다.

　그 교회는 1,000만 원밖에 없었지만 기도할 때에 하나님께서는 4억 천만 원짜리 교회를 주셨습니다.

　하나님은 믿고 꿈꾸고 찾는 자에게 주시는 정말 멋짱이신 하나님이십니다. 모든 영광 하나님께 돌립니다.

연풍감리교회 간증문

　무엇 하나 내세울 것 없는 부족한 종을 불러주신 목사님을 비롯하여 모든 성도님들께 감사 드립니다. 이 시간 종을 인도하시고 은혜 베풀어 주실 하나님께 감사와 영광을 돌립니다.
　간증은 나 개인 개인이 하나님을 믿고 섬기며 살아가면서 하나님을 체험하고 기도하여 응답받은 것을 간증하는 것이지 절대 진리는 아닙니다.
　진리는 오직 하나님의 말씀뿐입니다. 그러므로 오늘 간증을 아주 편안한 마음으로 웃을 때 웃어주시고 아멘할 때 아멘해주시고 함께 은혜 받았으면 좋겠습니다.
　하나님께서는 문공주 정교(장로)에게 저렇게도 역사 하셨는데 하나님께서는 나에게는 어떻게 역사하실까를 생각하시면서 문공주 정교에게 은혜 베푸신 하나님께서는 나에게는 어떤 은혜를 주실까를 생각하시면서 들어주시고 이밤에 은혜 충만 받으시고 결단하는 시간 되시기를 기도드립니다.

나는 개영(교회창립)기념일날 3명을 전도하기 위하여 연초에 전도계획을 세웠습니다. 두 달쯤 기도하다 보니 욕심이 생겨서 5명으로 목표가 바뀌었습니다. 그런데 또 기도하다 보니 이왕이면 10명으로 하자 하고 10명으로 목표를 바꾸어 기도했습니다. 그리고 13명의 전도 대상자를 선정했습니다. 그리고 무조건 열 권의 구세군 성경책을 사서 사관(목사)님께 드리고 사관님께 기도 부탁드립니다.

이번에 10명을 전도하여 그분들에게 드릴 성경책입니다.

사관님 기도해 주세요 하고 기도를 부탁드렸습니다.

그리고 새벽마다 명단을 작성하여 그들의 이름을 부르며 통성으로 기도했습니다.

그리고 시간 나는 대로 그들을 만나서 복음을 전했습니다.

내가 옷장사를 하기 때문에 전도 대상 일단은 전부가 옷을 사러 오는 고객들이었습니다.

나는 그들이 가게의 물건을 사러오면 장사는 뒷전으로

물리고 예수 이야기만 했습니다.

어떤 사람은 나에게 당신의 직업이 무어냐고 물었습니다.

나는 예수 믿는 것이 본업이고 옷장사가 부업이라며 예수 믿는 것이 더 중요하다며 예수에 미친 사람처럼 복음을 전했습니다.

드디어 개영 기념 (교회창립) 주일이 되었습니다.

아침 일찍 일어나서 새벽 기도를 마치고 전도대상자 명단을 점검하였습니다.

예배 시간이 되었습니다. 한 사람 한 사람 들어오는 모습을 보며 오직 전도해 본 사람만이 느낄 수 있는 기쁨과 감사를 누리며 하나님께 감사를 드렸습니다.

그런데 9명까지 오고 더 이상 오지 않았습니다. 나는 하나님께 기도했습니다. 하나님 10명을 기도했는데 한 명은 어디 갔나요? 하고 말입니다. 예배를 마치고 다음날 출근을 했습니다.

조금 있으니까 개영 기념주일에 나오지 않은 전도 대상자가 찾아왔습니다.

나는 사장님 어제 왜 교회에 오지 않으셨습니까?

하고 물었더니 나에게 주보를 꺼내 주시면서 어제 교회에 갔었습니다.

난생 처음 가보는 교회라 쑥스러워 들어가지 못하고 예배가 시작된 후에 들어가서 예배가 끝나기 전에 나왔습니다. 하더군요.

이렇게 해서 전능하신 하나님께서는 불타는 전도의 마음을 가지고 복음을 전할 때 부르짖는 기도에 응답해 주셨어요.

응답해 주신 하나님께 감사드리며 그날 참석한 10명 가운데 한 분은 지금 부부가 모두 부교(집사)가 되고 온 가족이 부천교회에 출석하고 있습니다.

그런데 이 부교님께서 나에게 이야기했습니다.

자기는 자기 부인이 암으로 투병할 때에 정말 하나님이 계시다면 이럴 순 없다 하나님이 있다면 나와봐라 소리치며 울부짖었는데 자기를 전도해 주어서 감사하다며 비누를 나에게 선물해 주셨습니다.

그러면서 무엇으로 모든 성도들에게 감사를 표할까 생각하다가 비누를 사서 화장실에 놓으면 모두가 쓸 수 있다는 생각을 하여 비누를 선물한다 하시더군요.

또 어떤 분은 저는 교회에 다니지는 않지만 사장님이 사주신 성경책을 읽고 있습니다 하는 분도 계셨습니다. 또 어떤 분은 교회 멀어서 사장님의 교회에는 못 나가고 다른 교회 다닙니다 하는 분도 계셨습니다.

또 어떤 분은 우리 애들이 교회 다녀서 애들 다니는 교회로 다닙니다 하는 분도 계셨습니다.

나는 전능하신 하나님께서 이들 모두를 기억해 주시고 세상 끝날까지 인도해 주실 것을 간절히 기도드리며 전도하게 된 10명을 위하여 하나님께 간절히 기도하며 감사와 영광을 돌렸습니다.

나는 가진 돈은 한 푼 없지만 하나님의 성전을 건축하기 위해 위하여 매일 기도하고 있었습니다.

어느 정도 시간이 흐름에 따라 선교헌금이 500만 원이 되었습니다.

믿음은 바라는 것들의 실상이요, 보지못하는 것들에 증거를 하셨으니 건물을 보고 땅을 보러 다녔습니다.

그러던 중 김포의 대지 250평 건평 200평의 건물을 무조건 계약을 했습니다. 그러나 일주일 후 해약이 되었고 다시 인천의 건물을 보았습니다. 담임(목사)사관님 지방

장관님을 거쳐 계약을 추진할 때 갑자기 아내가 코피로 병원에 입원하여 이틀 동안 코피를 흘리므로 계약하지 못하고 무산되었습니다.

퇴원 후에 이번에는 무조건 집을 팔아버렸습니다.

그리고 또 성전 건축을 추진하니 이번에도 성전 건축이 되지 않아 하나님께 기도했습니다.

하나님 하나님의 성전을 건축하는데 왜 이렇게 힘들고 어렵습니까? 성전만 건축하려 하면 일 터지고 코피 터지고 저 이제는 집까지 팔았으니 갈 곳도 없습니다.

집판돈 며칠이면 써버리는데 이 돈으로 다시 집을 사도 되겠습니까? 기도하고 모든 조건을 무시한 채 교회에서 가장 가까운 300 미터 안에 있는 집을 구입하였습니다.

그러나 하나님의 교회를 건축하지 못하여 하루도 편할 날이 없었습니다.

남들 보기에는 말로만 성전 건축 한답시고 자기 집만 늘려간다는 생각으로 괴로웠습니다. 그러기에 하나님께 더욱 감사하며 눈물로 기도할 수밖에 없었습니다. 아내는 만성 신부전증으로 투석을 하게 되었고 코피로 인하여 체중 20키로나 빠지고 심장 간장 위장 비장 어디 한 군데

성한 곳이 없었습니다.

  이런 아내는 병원에 입원 중에도 하나님의 성전을 건축하는데 방해가 될까 봐 자기에게 마음 빼앗기지 말고 하나님의 성전 건축을 하라고 했습니다. 내 아내는 나와 연애했다는 이유로 천원짜리 한 장 들고 쫓겨나 온갖 고생을 하다가 이제 밥술이라도 먹을 만하니 물 한모금 마음 놓고 마실 수 없는 형편이 되었습니다. 그러나 내 아내는 지금까지 단 한번도 내가 하는 일을 반대하는 일이 없고 뒤에서 나 모르게 준비해주고 있었습니다. 이런 아내와 나는 2005년도에 교회를 건축하려고 목숨 걸고 발버둥쳐 보았지만 하나님은 허락지 않으시고 내 모든 기도만 응답해 주셨습니다. 그리고 2006년도를 맞이했습니다. 2006년도에는 나의 모든 기도 제목을 포기하고 오직 하나님의 성전을 건축하는 해로 기도 제목을 정하고. 2006년 첫 주일 1월 1일에 성도들 앞에서 선포를 했습니다. 그리고 하나님께서 응답 주셔서 2006년 5월 17일 현 문학구세군교회를 개척하게 되었습니다. 헌당 예배를 드리면서 이런 기도를 했습니다. 하나님 저 좋은 차 좀 타면 안 될까요? 하나님의 성전을 건축했는데 이왕이면 좀 좋은 차 타고 잘되는 것이 사람들의 보기에도 하나님 보시기에도 좋고 하나님도 기쁘시지 않겠습니까? 하고 기도했더니 하나님께서 나에게 좋은 차를 주셨습니다.

이 차를 타고 얼마 후. 고향인 구세군신평교회가 있는 고향 집에 갔습니다. 고향 집에 있는데 저녁에 구세군 신평교회 부교님 한 분이 저희 시골집에 오셔서 내가 신평교회의 소식을 물었습니다. 그랬더니 교회의 차가 자주 고장나고 새 차를 사기 위해 기도 중에라는 이야기를 들었습니다. 그 말을 들은 나는 정말 돈만 있으면 차 한 대 사서 신평 교회에 드리고 싶은 생각이 들었습니다. 왜냐면 지금도 우리 교회하면 신평교회를 생각하곤 하거든요. 청년 시절 돈 천원이 없어서 탁구대 사자 했는데 그 천원을 내지 못한 것이 늘 마음에 걸렸습니다.

그날밤 고향 집에서 저녁을 먹고 부천으로 오기 위하여 약 500 메타쯤 나오면서 아내가 나를 불렀습니다. 여보 당신 고향 교회를 위해 일하나 하지?

하길래 나는 무슨 일 하면서 물었습니다.

아내는 신평 영문에 차 한데 사서 하나님께 드리자하는 것이었습니다. 그 말을 들은 나는 가슴이 뭉클했습니다.

왜냐하면 내가 하고 싶은 굴뚝 같은 말인데 하지 못하고 있는데 아내가, 아내가 먼저 말을 했기 때문입니다.

그래서 나는 마음은 굴뚝 같지만 우리 가진 돈이 없잖아 그렇다고 우리 형편에 할부차도 살 수 없는 형편이잖아 하면서 말했습니다.

그랬더니 아내가 대답을 했습니다. 혹시라도 갑자기 신장 이식 수술을 하게 되면 누구한테 손 벌릴 수 없고해서 내가 병원비 하려고 계속 모은 돈 1,500만 원정도 되니 당신이 조금만 더 보태면 할 수 있을것 같아 하는 것이었습니다.

그러면서 나 지금 수술할 수 없잖아 나 이 돈 하나님께 드릴 거야 말하는 것이었습니다. 이 말을 들은 나는 아무 말도 할 수가 없었습니다. 그저 하나님만 쳐다보았을 뿐입니다.

그리고 나는 아내를 하나님께 부탁하며 감사를 했습니다.

부천 집에 올라온 나는 자동차 영업사원을 불러 무조건 최대한 빠른 시일에 신평 구세군 교회에 차를 보내라고 했습니다.

이렇게 하나님의 은혜로 신평영문에 선교차량을 드릴 수 있었습니다. 차량을 주신 하나님께 감사를 드립니다.

나는 성격이 무지 급합니다. 어느 목사님께서 내 성격을 베드로보다 더 급한 사람이라고 말씀하셨습니다.

내가 무슨 일을 할 때에는 급한 성격으로 순간 하는 거 같지만 이처럼 뒤에서 2년씩 3년씩 기도하며 준비해서 남편이 일할 수 있도록 도와주는 아내가 있기에 모든 일을 할 수가 있었습니다.

이런 아내를 주신 하나님께 감사를 드립니다.

분명 살아계신 하나님께서는 내 아내를 불쌍히 여기시고 더욱 능력있게 주의 일 감당할 수 있도록 일으켜 세워 주시기를 함께 기도 해주시면 감사하겠습니다.

하나님께서는 반드시 내 아내를 일으켜 세워 주실 것을 믿습니다.

이렇게 하나님의 은혜로 교회를 세우고 선교 차량을 드리고 난 후에 작은집 결혼식 있어서 고향에 갔습니다.

아침에 아내가 갑자기 아프다고 엉엉 울기 시작했습니다.

아프다고 우는 모습은 처음 보았습니다.

나는 민망해서 입이 아프냐며 우는 아내를 나무랬습니다.

그리고 차를 타고 정읍 예식장을 가서 부축하고 겨우 예식을 마치고 너무 고통을 호소해 정읍 사랑 내과를 물어 급하게 찾아갔습니다.

가서 보니 등이 꼽추처럼 솟아올라 꼽추가 되었습니다. 의사는 진통제를 주고 빨리 큰병원으로 바로 가라 했습니다.

나는 다시 올라와서 큰 병원에 갔더니 급하게 수술을 하자 했습니다.

그리고 수술을 날짜를 잡고 왔습니다.

그러나 수술은 그리 쉬운 것이 아니었습니다.

전신 마취를 해야 하고 아내는 피가 나면 멈추지 않기 때문에 수술은 매우 위험한 상황이었습니다. 그러나 의사의 권유로 다음날 수술하기로 했습니다.

집에 돌아온 아내는 나 수술 안 해 하면서 수술 예약을 쫙쫙 찢어버렸습니다.

그리고 아내는 눕지 못하고 옆으로 새우잠을 자야 했습니다.

이때 나는 4,500만 원의 부도를 맞고 자동차 기름값이 없어서 차를 한 달가량 세워두어야 했습니다.

그리고 2007년 3월 4일에는 인천 광음장로교회에 저희 하니브로선교단과 함께 찬양 간증 집회를 가기로 되어 있었습니다.

그런데 집회 가면서 드릴 선교헌금조차도 없었습니다.

나는 간증집회를 앞에 두고 기도하는데 너무너무 가슴이 아팠습니다.

내 코가 석자인데 이런 상황 속에서 무어라 간증할까? 과연 지난 일이라고 해서 현재가 이 모양인데 자신 있게 말할 수 있을까 하며 괴로웠습니다.

그런데 아내는 저녁에 같이 잠을 자는데 새벽이면 일어나면 없어지곤 했습니다.

밤새 잠을 못자니 내가 잠을 자지 못할까 옆방에 있다가 새벽기도 갈 시간이면 옆방에서 나오곤 했습니다.

아내는 나 모르게 밤마다 눈물로 하나님께 기도했던 모양입니다.

나는 이 사실을 나중에 어느 사관(목사)님께서 내 아내의 이야기하는 것을 듣고서야 알게 되었습니다.

그러던 어느날 아침 나의 기도실에서 광음교회 간증집회를 위하여 기도하던 중 이런 생각을 하게 되었습니다.

어저께나 오늘이나 동일하게 살아계신 하나님이라는 생각을 했습니다.

그리고 그 찬양을 반복하여 불렀습니다.

그리고 내가 간증집회가서 주는 자가 복이 있고 쓴 돈이 번 돈이다.

얘기하고 어려우면 어려울수록 감사하고 그리하면 응답 받고 또 위기는 기회고 고난도 축복이다.

얘기할 텐데 내 현재의 문제를 해결받지 못하고 갈 수는 없다고 생각하고 기도를 했습니다. 하나님이 어두운 터널을 속히 벗어나게 하옵소서 하며 부천교회에 와서 하늘에서 돈다발 떨어져라 기도하며 불렀던 484장 마음속에 근심 있는 사람 주 예수 앞에 아뢰어라 성령님 인도하는 대로 기도하다 찬양하다 반복적으로 부르며 하나님. 이 근심 걱정을 기쁨으로 바꾸어 주시옵소서 기도하고 기도실을 내려갔습니다.

나는 두 개의 카드를 가지고 하나님께 드릴 것을 생각했습니다.

그리고 하나님의 영광을 위해 2개의 카드를 긁었습니다.

전능하신 하나님께서는 종의 기도를 들으셨습니다.

그리고 그날로 물질의 고난에서 벗어나게 하셨습니다. 할렐루야 하나님께 감사드립니다. 그런데 아내의 문제는 해결되지 않았습니다.

그런데 내 아내는 나에게 말했습니다. 자기 자신은 지금까지 그렇게 절박하게 기도하기는 처음이고 그저 당신이 기도하자 하면 그냥 따라 기도하고 했는데 이번에는 너무너무 고통이 심해서 하나님께 기도하기를 당신이 간증집회 가는데 걸림돌이 되지 않게 해달라며 기도했답니다.

아내는 이렇게 밤마다 하나님을 가슴으로 만나고 있었습니다.

나는 하나님께서 즉석에서 고쳐주시지 않았지만 전능하신 하나님은 내 아내를 지켜보시고 사랑하고 계셨습니다. 내가 처음 예수 믿을 때에는 기도가 응답되지 않으면 그 자리에서 머리 박고 기도하다 죽어버릴까 하는 생각을 많이 했습니다.

그러나 오랜 신앙생활을 하면서 하나님은 로봇이 아니시며 기도의 응답은 전적으로 하나님의 소관이라는 것을 깨달았습니다.

기도의 응답은 내 뜻이 아니고 하나님의 뜻이라는 것을

말입니다.

　내 생각으로는 병든 자에게 손을 얹은즉 나으리라 하셨으니 기도할 때에 손을 얹고 기도하면 벌떡 일어나 외양간의 송아지처럼 뛰어서 하나님께 영광 돌렸으면 정말 좋겠는데 내 아내는 벌떡 일어나지 않았습니다.

　그러나 하나님의 약속의 말씀을 굳게 믿고 기다리며 기도했습니다.

　그런데 어느 날부터 혹이 점점 작아짐을 느꼈습니다. 그리고 하나님의 치료하심을 믿고 기도했습니다. 그러더니 광음장로교회집회갈 때쯤 되니? 혹이 없어지고 정상으로 돌아왔습니다.

　그리고 인천 광음교회 간증집회를 갈 수가 있었습니다.

　그 후 아내는 완벽하게 등이 회복되었습니다.

　치료에 여호와라파 하나님께 감사와 영광을 돌립니다.

　사랑하는 여러분 저희 부부가 하나님의 성전을 건축해 보려고 발버둥 칠 때도 온갖 고난이 찾아왔습니다.

　하나님의 은혜의 감사에서 한푼 두푼 모은 수술할 병원비로 선교 차량을 하나님께 드리며 기도했습니다.

　그러나 부도를 맞고 아내는 꼽추가 되다시피 했습니다.

그러나 오직 주님만을 바라보며 위기는 기회다.

고난은 축복이다.

고난을 통해서 하나님께 매달리며 하나님께 더 가까이 가자 우리의 소망은 오직 주님이시다.

하나님의 자녀는 죽으면 천국 간다.

죽더라도 쪽팔리게 죽지는 말자, 죽더라도 하나님의 영광을 위하여 죽자, 감사하면서 결단하고 기도하자.

이렇게 기도 할 때에 전능하신 하나님께서는 모든 것을 회복시켜 주셨습니다.

마지막 한 가지 아내가 신장 이식을 해야 하는데 이 문제도 하나님께서 해결해 주실 줄로 믿고 감사와 영광을 돌립니다.

사랑하는 여러분 예수를 잘 믿는 사람도 고난과 역경은 있습니다.

징말 주님을 위하여 죽을 각오로 집팔아 성전을 지으려 해도 더 어려워지고 더 고난히 찾아왔습니다. 나도 사람인데 원망하고 낙심하고 포기하고 싶은 생각이 없었겠습니까? 그러나 우리는 예수를 믿는 사람입니다.

예수를 믿는 사람과 안 믿는 사람의 차이라면 예수를

안 믿는 사람들은 포기하고 낙심하고 술을 마시고 인생을 포기할 수도 있을 것입니다.

그러다가 죽으면 지옥 갈 것입니다.

그러나 예수 믿는 나와 여러분은 다릅니다.

예수 믿는 나와 여러분은 죽어도 천국에 갑니다.

그리고 죽기를 각오하고 기도한다면 우리의 피난처 되시는 예수님께서 해결해 주실 것을 믿습니다.

우리는 환란과 역경을 통하여 믿음으로 굳게 설 수 있고 더욱 하나님께 가까이 갈 수 있을 것입니다.

그리고 문제에 부딪히면 우리는 기도하므로 응답받을 수 있습니다.

사랑하는 여러분 혹시라도 고난이 있습니까? 주님을 붙들고 기도하십시오.

그리고 위기를 축복의 기회로 바꿔주시는 예수님을 믿으십시오.

예수님을 붙드시면 위기가 기회로 바꾸어집니다.

오직 모든 문제 해답은 우리를 위하여 살 찢고 피흘리신 예수님께 있습니다.

예수를 믿고 기도하는 것 뿐입니다.

여러분 낙심하고 포기하기 전에 힘을 내어 기도로 승부하십시오.

전쟁터에 나가 싸우는 병사의 마음으로 싸우며 기도하십시오.

눈물 콧물 흘리며 주님께 매달리십시오.

정말 여러분이 주 앞에 흘린 눈물의 기도는 반드시 응답될 줄로 믿습니다.

오늘 하나님의 은혜로 부족한 종이, 연풍 감리교회에 와서 간증을 하면서 한 가지만 물어보겠습니다.

사랑하는 여러분. 하나님이 살아계시고 천국이 있고 지옥이 있다면 어떻게 살겠습니까.

또 하나님의 아들 예수 그리스도를 믿습니까.

믿으시면 아멘. 모두가 아멘을 하셨습니다.

하나님이 살아 계시고 또 예수 그리스도 그리스도를 나의 구세주로 믿는다면 우리는 다시 한번 결단해야 된다고 생각합니다. 우리의 인생은 나그네 인생길이고 한 번 죽는 것은 사람에게 정하신 것이오 그 후에는 반드시 심판이 있다 하셨습니다.

여러분. 이 다음에 천국 가서 하나님 앞에 섰을 때에 하나님께 드릴 인생이력서를 생각해 보셨습니까?

문공주야 너 어떻게 살았냐, 너는 나를 위해 한 일이 무엇이냐고 물으신다면 무어라 대답하시겠습니까?

사랑하는 여러분! 이 시간에 다시 한번 하나님 앞에서, 하나님 앞에 가서 내려놓을 인생이력서를 생각하시고 믿음의 결단을 하는 시간이 되었으면 합니다.

하나님께서 도와주실 것입니다. 사랑하는 여러분. 우리의 앉고 일어섬을 아시고 우리의 품은 생각까지도 아시는 하나님께서 반드시 여러분의 부르짖음과 비는 기도를 들으시고 응답하여 주실 것을 믿습니다.

오늘 참여한 모든 성도님 가정과 섬기시는 교회 위에 하나님의 크신 축복을 기도드리며 지금까지 인도하신 하나님께 감사와 영광을 돌립니다.

2007

2부
하나님이 하신 일들입니다
(간증 · 기도문)

가계수표

사업을 하면서 가계수표를 발행을 했습니다.

가계수표가 돌아왔다는 은행에 전화를 받았습니다.

4시 반이 넘어지면 부도처리가 되기 때문에 4시 반 전에 이 수표를 막아야 됩니다. 그러나 돈이 없습니다.

내가 할 수 있는 건 하나님 앞에 기도하는 것이었습니다.

하나님 은행에 가계수표가 돌아왔다고 전화 왔습니다.

하나님 이 가계수표를 무엇 때문에 발행했습니까? 제가 발행했나요? 물건을 사기에 발행을 했습니다.

사업을 하는데 왜 사업을 합니까? 하나님의 영광을 위해서 주님이 주신 사명을 감당하기 위해서 이 물건을 파는데. 물건이 안 팔리고 가계수표가 돌아왔다는 전화가 왔는데 저 어떡하면 됩니까?

주님. 물건은 있으니 물건을 팔아 주시면 됩니다.

직원들을 불러 모아놓고 애들아 가계수표 돌아왔단다.

우리 기도하자 하면서 하나님께 주님 가계수표 돌아왔습니다.

물건은 많이 있으니 물건 팔아 가계수표를 막게 하여 주십시오 하고 기도할 때 사람들이 줄을 섭니다.

하나님의 은혜가 큽니다.

하나님께서 이런 가운데 역사해 주셔서. 가계수표를 막게 해주셨습니다.

할렐루야. 주님 감사합니다.

살아도 주를 위하여 살고 죽어도 주를 위하여 죽나니 그러므로 사나 죽으나 주를 위하여 충성되게 쓰임 받다가 죽는 종이 되게 하옵소서.

감사드리며 예수님 이름으로 기도드립니다. 아멘.

포기하지 마세요

아직 포기하지 마세요, 주님 앞에 무릎 꿇고 기도하세요.
나의 앞길 가로막는 어떤 장애가 있을지라도 절대로 물러서지 말고 포기하지 마세요.
그리고 기도하세요.
어떤 괴로움과 슬픔이 있을지라도 기도로 이겨내세요.
주님이 우리 편이니 더욱 간절히 기도하세요, 땀방울이 핏방울이 되도록 기도하세요, 눈물을 흘리며 기도하세요. 콧물을 흘리며 기도하세요, 땀방울을 흘리며 기도하세요. 이 삼액체를 하나님께 드리면 기도가 응답됩니다.
절대 포기하시면 안 됩니다.
오늘도 주안에서 승리하시길 기도하면서 사랑하는 성도들을 생각하면서 기도하시는 성도님들을 돌아보면서 응답받아야 할 문제들을 생각하면서. 나는 오늘 또 기도합니다.

사랑하는 사람들을 생각하면서

기도실의 안창문을 모두 떼었다.
밝은 햇살이 눈이 부시도록 들어온다.
주를 향한 목마름으로 하나님을 찬양한다.
내용이 햇빛으로 시작하여 십자가로 가까이 연속하여 찬양을 부른다.
하나님이 기쁘시게 받으심을 알 수 있었다.
마음속에는 나를 사랑하는 자가 나의 사랑을 입으며 나를 간절히 찾는 자가 나를 만나리라 하며 기도한다.
또한 주님을 사랑하는 사람들을 기억해 주세요.
저들이 힘차게 떠오르는 해처럼 되게 주십시오.
연약한 종을 용서하여 주십시오.
기도하는 것보다 즐거운 일이 없게 하시고 기쁨과 감사로 기도하게 하소서 믿음이 없는 종을 용서하세요.
믿음은 들음에서 난다, 하셨으니 말씀을 들을 때에 말

쏨을 읽을 믿음이 생기게 하시고 또 믿음으로 기도할 때 응답하여 주옵소서.

응답을 통하여 하나님께 영광 돌리고 또 주님을 사랑하는 모든 사람들을 생각하며 기도하며 하루 일과를 시작한다.

오늘 하루도 사랑하는 사람들이 떠오르는 태양같이 힘차게 승리하길 기도하면서.

너무 어려운 시절

하나님을 믿는 데가 너무너무 어려워서 어떻게 하면 이 어려운 형편을 벗어날까 생각하며 빚을 내어 교회의 비품을 헌납한 적이 있습니다.

지금부터 몇십 년 전. 이래도 어렵고 저래도 어렵다면 난 하나님께 드리고 어려움을 당하겠다.

결단을 하고 청년들을 위하여 비품을 헌납하고 교회 찬양단을 조직하기 위해 악기를 구입했습니다.

그 후 하나님은 나를 기쁘게 여기시고 곧바로 회복을 시켜주셨습니다.

지금도 마찬가지지만 어려운 문제를 해결하는 데는 하나님께 드리는 것, 하나님께 감사하는 것, 하나님께 맡기고 하나님 앞에 우는 것, 찬송하는 것이라고 생각합니다. 너무나 어려울 때는 기도가 잘 안 나오기 때문에 하나님을 찬양하는 기도를 드리는 것입니다.

지금이야말로 교회를 위하여 또 나를 위하여, 또 모든 성도가 마음을 같이해서 또 성전을 건축하기에 실천할 때가 아닌가 생각합니다.

문학구세군교회 개척예배 감사기도

　개영예배에 참석해 주시고 헌금해주신 모든 성도님께 감사드립니다.
　여러분께서는 하나님이 운영하시는 문학영문의 주주가 되었습니다.
　기도의 주주, 찬양의 주주, 감사의 주주, 헌신·봉사·충성·헌금의 주주가 되었습니다.
　나의 하나님 아버지 거짓말을 하지 못하시는 나의 하나님께 기도드립니다.
　여러분의 일생을 살면서 여러분이 투자한 지분대로 풍성하게 갚아주실 것을 믿습니다. 나와 여러분은 빚을 졌습니다, 평생 갚아도 못 갚을 빚을 말입니다.
　조금이라도 빚을 갚으려면 복음의 빚진 자로 복음을 부끄러워하지 말고 복음을 전해야 합니다.
　여러분의 이름을 부르며 기도할 때 나의 하나님께서는

여러분의 기도가 응답될 줄로 믿습니다.

감사합니다, 문학 영문 부흥을 위하여 기도 부탁드립니다.

문학구세군교회 헌당예배를 드리면서

수표 한 장

이런 일이 있었습니다. 어떤 아주머니에게 18,000원의 옷을 팔고 수표를 받지 않고 8만 2,000원의 잔돈을 먼저 거슬러 주었습니다.

수표 받지 않은 것이 곧바로 기억나 주위를 둘러보니 아주머니 모습이 보이지 않았습니다.

하루 종일 10만 원이 생각나 견딜 수 없는 하루였습니다.

그 다음날 갖다 주시겠지 생각했지만 12시가 넘어도 모습이 보이지 않아 이제는 틀렸구나 생각했습니다.

그런데 어떤 아주머니가 웃으면서 들어오셨습니다.

그러면서 어제 아무 말 아무 일도 없었느냐 물어보시면서 수표 한 장을 꺼내 주셨습니다.

기쁨과 더불어 죄스러운 마음과 의심한 나에게 나의 마음을 뉘우치며 이 아주머니처럼 세상을 살아갈 때에 우리

사회가 더욱 아름다워질 거라 생각하며 이름도 성도 모르는 아주머니에게 감사를 드립니다.

　이 일은 내가 부천 원미동에서 1991년 10월 19일 조그만 옷가게를 할 때에 생긴 일입니다.

아침을 먹으며 당신을 생각합니다

밥 한 공기와 김치 하나 놓고 아침을 먹으며 당신을 생각합니다.

당신은 지금 두 달간 음식을 입에 대지 못하고 고통하며 신음하는데 당신을 위해 생명이라도 줄 것 같았던 당신 남편은 밥을 먹고 있습니다.

돈을 초월해서 산다는 당신 남편은 장사를 하고 있습니다.

오직 믿음으로만 산다던 당신 남편은 때로는 긴 한숨을 쉽니다.

잠을 자다가도 잠을 깨면 지금 병실에 있는 당신 생각에 잠을 자는 내 모습이 너무 밉습니다.

그래서 두 손을 모으고 기도하며 잠을 잡니다.

인생은 홀로서기라 아무것도 해줄 수 없는 내 가슴이 아픕니다.

아침이면 매일 344장 이 눈에 아무 증거 아니뵈어도 찬양하며 믿음으로 승부하자 결단합니다.

그러나 믿음은 보지 않고 믿는 거라 힘이 듭니다.

당신 남편이 그래도 입은 살아서 아무것도 해주지 못하면서 믿음으로 승리하자는 말을 합니다.

그래도 우리는 천국을 소유한 하나님의 자녀이기 때문에 하나님은 항상 당신 곁에 있습니다.

힘을 내라고 말도 못하겠습니다.

하나님이 도와주시기를 기도할 뿐입니다.

하나님 이미숙 부교가 필요 없다면 문공주도 함께 천국으로 불러주세요.

미련 없이 털어버리고 감사하며 아내와 함께 주님께 가겠습니다.

그래도 주님께서 저희 부부가 할 일이 있다고 생각하시면 함께 생명을 다하여 주의 일 감당케 하시옵소서. 주님 감사드리며 승리하는 하루 되게 하소서.

2008년 4월 16일
병실에 있는 아내를 생각하면서

당신의 따뜻한 사랑을 평생 잊지 않겠습니다

주일 아침 정성스럽게 마련한 도시락을 어떤 부교님으로부터 받았습니다.

하나는 교회 성도들과 함께 먹고 하나는 온 가족이 함께 먹으며 감사했습니다.

그리고 만나는 사람마다 도시락 얘기를 하고 감사했습니다.

그 후에 며칠이 지났습니다.

정교님 먹고 싶은 거 있으면 언제든지 말씀하세요. 제가 해드릴게요 하셨습니다.

말로 표현할 순 없지만 가슴속에 감사를 묻어두고 삽니다.

주일날 내가 말했습니다. 부교님 나 밉지요. 부교님 하시는 말 "네 당분간만 미워할게요." 내가 한 말 괜찮습니다. 내가 절대 부교님을 미워하지 않으니까요. 부교님 주

안에서 사랑합니다.

  나는 누구를 절대 미워할 수 없고 미워할 자격도 없는 부족한 사람입니다.

  오늘도 사랑하는 사람들을 생각하며 씁니다.

2008년 7월 17일

차량 구입을 위하여

2010년 1월 10일 현재 차량 헌금이 약 1,300만 원 확보되었습니다.

차량 가격은 2,300만 원 정도 하는데 현재 1,000만 원 정도가 부족합니다.

기도해 주시고 헌금해 주시면 감사합니다.

성도 여러분 조금만 더 힘을 내시면 현금 구입이 가능할 것 같습니다.

기도중에 어제 노아의 방주 말씀을 들으면서 이런 생각이 내 가슴 속을 뜨겁게 했습니다.

방주에 들어가는 모든 짐승들이 구원을 받았는데 힘이 센 코끼리도 구원을 받았고 힘 없는 토끼라고, 하찮은 개미라고 구원을 못 받은 것은 아니라는 겁니다.

코끼리든 토끼든 개미든 똑같은 입장에서 구원을 받았습니다.

교회차량을 구입함에 있어서 돈 많이 냈다해서 복을 받고 돈을 적게 냈다 해서 복을 못 받은 것은 절대 아닙니다.

요는 교회 차량을 구입하는데 차량이라는 방주에 들어가느냐 못 들어가느냐의 차이라고 생각합니다.

부천 구세군교회 성전 구입할 때 하루 500원 헌금하기로 했습니다.

결과 하나님은 성전을 구입하게 하셨습니다. 여러분의 형편 처지는 하나님이 잘 아실 것입니다.

형편대로 참여를 부탁드립니다.

나도 부족함을 많이 느낍니다.

부족한 종을 정교(장로) 인정해 주시고 섬겨주셔야 합니다.

부족한 종 나그네 인생길을 살면서 사람과 하나님 앞에 부끄럼 없이 살려고 발버둥 칩니다.

부족한 종을 위해서 기도 부탁드립니다.

선교 정교가 기도하며 부탁드립니다.

구세군 성민장학회

종성이와 현민이가 대학 1학년 때 서로 만났습니다.
둘이는 서로 사랑을 했습니다.
종성이는 스타 (k.b.s mbc) 출연을 꿈꾸었고
현민이는 대학 교수를 꿈꾸었습니다.
나는 연예인 활동을 반대했으며
이들은 부모님 말씀에 순종했고
이들은 사랑에 빠져 2015년도에 둘이 엄마도 없이 결혼식을 치루었습니다.
문종성 박현민 결혼식에 참여하신 모든 분에게 감사를 드립니다.
여러분께서 축하해 주신 축하금으로 둘은 무언가 사회에 보탬이 되자 약속하며 구세군 성민장학회를 설립합니다.
와주시고 축하해 주신 모든 분들께 감사를 드리며 성민

이라 함은 하나님의 백성이라는 뜻이기도 하며 문종성의 마지막 자 성 과 박현민의 민자를 조합하여 둘이 결혼하면서 성민장학회를 설립하게 되었습니다.

성민 장학금은 구세군 사관 학생들의 학문 연구와 생활복지를 지원하고자 2015년 4월에 시작되어 현재까지 이어져오고 있습니다.

목회자의 복지를 위하여 세상 끝날까지 구세군 성민장학회가 지속되길 기도 드립니다.

구세군 50일 전도운동

구세군에는 부활절부터 성령강림주일까지 50일 전도운동이 있습니다.

본 내용은 1991년 5월 전도를 하기 위하여 작정 기도할 때 있었던 내용의 일부입니다.

기도 시간이 사업적으로나 가정적으로나 또 아이들에게도 귀중한 시간대였습니다.

아이들이 굶주림에 지쳐 울다 자는 모습을 볼 때 마음이 무척이나 아팠지만 하나님께 맡기며 감사하며 기도를 했습니다.

작성기도 후반에는 더욱더 기도하지 못하게 하는 여건들이 생겼습니다.

사업의 문제와 아이들에게 어려움이 닥쳐왔습니다.

큰아들 종삼이는 온몸에 두드러기가 나서 괴로워하고 있었고 작은아이 종성이는 갑작스럽게 설사병으로 괴로워하고 있었습니다.

기도하러 갈 시간이 되었습니다. 울며 보채는 아이들을 안아 방에 누이고 기도해 주었습니다.

"지금 아빠 기도하러 가야 되는데 마귀들이 아빠 기도하러 가지 못하게 방해를 하고 있단다.

그러니까 아파도 꾹 참고 너희도 기도하기를 바란다"라고 얘기하면 "네" 하는 대답에 아이들의 손을 잡고 하나님께 감사하며 기도하고 교회를 향하는 발걸음 속에 다짐하고 또 다짐합니다.

"내가 숨을 쉬고 있는 한 그 어느 누구도 나를 기도하지 못하게 할 순 없다.

내가 죽더라도 기도하다 죽겠다"며 50일 작정 기도를 마쳤습니다.

이 모든 것은 나의 연약함을 아시고 도와주시는 성령님에 도움임을 고백합니다.

이김을 주시는 여호와닛시 나의 하나님께 감사와 영광 돌립니다.

하나님께서는 기도의 응답으로 2명의 청년을 교회로 인도하게 하셨습니다. 할렐루야.

고난을 통해서 주님의 뜻을 알게 하소서

주님 머리가 아프도록 너무 힘이 듭니다.
저를 도와주세요.
믿음을 저버리지 않도록 인도하여 주세요.
여러 가지 일로 저를 쓰러뜨리려는 마귀 계획에서 승리하게 하소서.
언제나 기도할 때 은혜 주심을 감사합니다.
찬양으로 감사하게 하심을 감사합니다.
하지만 고난의 시간들이 너무 길어 나의 영혼이 곤비합니다.
순간순간 말씀으로 은혜를 주셔서 감사합니다.
말씀의 우물을 파게 하옵소서.
기도의 우물을 파게 하옵소서.
찬양의 우물을 파서 주님께서 모든 문제들을 해결해 주실 때까지 인내하게 하옵소서.

이 고난을 통해 주님의 말씀을 깨닫고 주님의 뜻을 알게 하옵소서.

훗날의 고난을 통해서 간증하게 하옵소서.

주님만 바라보게 하옵소서.

하나님 저의 전부를 주님께 드려 세계 선교를 하길 기도합니다.

주님을 위해서만 살게 하소서.

하나님 제 소원이 주님의 소원과 일치되길 원합니다.

주님의 소원을 이루어 주옵소서.

예수님의 이름으로 기도 드립니다.

2000년 1월 1일

추억의 그 돼지고기 한근

IMF 시절

한 40대쯤 되어 보이는 사람이 나에게 구걸을 왔습니다.

나는 그분에게 식사를 사드리고 옷까지 챙겨서 보내드렸습니다.

몇개월 정도의 시간이 흘렀습니다.

그런데 어떤 분이 찾아 오셨습니다.

그의 손에는 신문지에 돌돌 말은 무언가를 가지고 있었습니다

그는 나에게 그것을 건네 주었습니다. 펼쳐보니 돼지고기였습니다.

그러면서 이런 말을 했습니다.

자기는 명문대를 졸업했는데 아이엠에프로 어려움을 당하여 노숙자 생활을 한다는 것입니다.

그러면서 사장님에게 너무 감사해서 자기가 모은 돈으로 돼지고기를 사왔다는 것이었습니다.

나는 너무 감동되어 그분에게 간절히 기도해 주었습니다.

지금은 그분이 어디서 무엇하며 사는지 알 수 없으나 그런 감사의 마음을 가지고 있으니 그분은 반드시 성공해서 잘 살고 있으리라 믿습니다.

감사 제목을 기록하는 삶

  나의 신앙 기준중 하나는 감사가 끊어지면 내 생명 끝나는 날이다.
  이 기준 아래, 나는 매일 감사 제목을 5가지 쓰는 것을 습관처럼 기록했습니다.
  하루를 시작하면서 감사를 생각하고 일을 하면서 쓸 감사 제목을 생각할 때 불평이 있을 수가 없었습니다.
  불평이 찾아올 때마다 감사 제목을 생각하면 불평도 감사로 바뀌는 것을 알았습니다. 때로는 감사 제목을 메모하며 감사 제목을 써 내려왔습니다.
  가족이 모일 때마다 돌아가면서 어린 손자들까지 감사 제목을 고백하며 하나님께 감사를 드렸습니다.
  이렇게 감사함에 살아갈 때 불평은 사라지고 감사가 넘치는 것을 늘 체험할 수 있었습니다.

수련원 티셔츠 주신 하나님의 은혜

수련원에 피아노를 헌납하고 구세군수련원에서 그해 첫 번째 시작되는 수련원 집회가 있어서 참석하게 되었습니다.

나는 앞쪽에 앉아서 피아노를 보며 하나님 앞에 한없는 감사를 다시 한 번 드리며 예배를 드렸습니다.

그런데 또 한쪽 구석에는 안타까움이 밀려오고 있었습니다.

당시 옷가게를 하는데 단체복도 하고 있었습니다.

여의도 순복음교회에서는 주일학교 여름성경학교 티셔츠를 맞춘다면 1,500장 이천 장을 하는데 저희 구세군교회들에서는 열 장 스무 장 하는 것이 너무 마음이 안타까웠습니다.

그런데 구세군 수련원에서 천 명 이상의 성도들이 모인 것을 보았습니다.

하나님께서 주신 마음이, 천 명 이상의 사람이, 같은 옷을 입고 하나님을 찬양하고 하나님께 예배하는 모습을 생각하니 가슴이 뛰기 시작했습니다.

나는 하나님께 기도했습니다.

하나님 여기에 모인 구세군인들이 통일된 복장으로 하나님을 찬양하며 예배드리면 하나님이 얼마나 기뻐하실까를 생각합니다.

나를 옷 장사를 시켜주신 것은 이때를 위함이 아닌가 생각합니다.

하면서 하나님께 기도를 드렸습니다. 그리고 다음년도 집회때 천장의 티셔츠를 제작하여 하나님께 드렸습니다. 그리고 기도하기를 주님 기쁘시죠? 저도 보기 좋습니다.

하나님 보시기에는 얼마나 좋으세요.

하면서 하나님께 매년 티셔츠를 드릴 수 있도록 기도하였습니다.

하나님께서는 나에게 복을 주셔서 사업에서 은퇴하는 그날까지 수련원에 티셔츠를 후원할 수 있는 은혜를 주셨습니다.

하나님을 향한 뜨거운 가슴으로 그 일을 하고자 할 때 하나님께서는 그 일을 이룰 수 있도록 역사하시는 놀라운 하나님의 은혜를 간증하고자 합니다.

막대기 같은 나를 택하사 주의 일을 행하신 하나님께 모든 영광 올려드립니다.

일천 번제 기도의 기적

  아내가 몸이 아파 어느 날 병원에 갔다오더니 신장에 혹이 있어서 이것은 99 프로가 암이다. 그러므로 곧바로 수술로 들어가자 하는 것이었습니다. 정말 어떻게 할 수가 없었습니다. 아내는 나를 만나 지금까지 고생만 해온 아내인데 당장의 신장을 자르고 투석을 생각하니 남편으로서는 해준 것이 너무 없어서 그저 눈물만 흘렸습니다. 그래서 나는 하나님께 매달려 기도 하기로 결심을 했습니다.

  그리고 1천 번제를 드리자 작정하였습니다. 하나님. 저에게 시간을 좀 주십시오.

  1천 번 주님을 찬양 하겠습니다.

  제 찬양을 받으시고 1,000번 감사 예물을 드리겠습니다.

  1,000번 감사 예물을 받으시고 1,000번 기도를 드리겠습니다.

저의 기도를 받으시고 저에게 그때까지 시간을 주십시오.

제가 시간 끌며 드리는 것이 아니라 최대한 빨리 드리겠습니다.

이렇게 기도하고 기도 제목과 함께 기도문을 작성하였습니다.

기도문 내용인즉 히스기야 왕이 병들어 죽게 되었을 때, 낯을 벽으로 향하고 기도할 때에 그 기도에 응답하신 하나님 아버지 감사합니다.

주님께서 총회 기도도 응답하실 줄 믿습니다.

원컨대 주께서 주의 영광을 위하여 해결하여 주시옵소서, 생활에 바빠서 허우적거리며 주의 일 하지 못한 거 용서해 주시고 다시금 기회를 주시어서 주님의 성전을 개척하고 건축할 수 있게 하여 주옵소서.

불가능을 가능케 하시는 주님 나에게는 예수 그리스도의 십자가 흔적이 가슴 속에 있습니다.

주님의 보혈의 능력을 믿습니다.

저는 주님이 돌아가셨다는 부고장을 받지 않은 이상 주 안에서 할 수 있습니다.

이렇게 기도문을 작성하고 하나님께 기도하기 시작했습니다.

병원에 가기 전까지 하루에 29번. 평균 예배를 드렸습니다.

잠을 자다가도 눈을 뜨면 하나님께 찬양하고 감사의 헌금 드리고 기도하며 예배를 드렸습니다. 시간 나는대로 예배를 드리며 하나님을 찬양했습니다.

7월 19일 주일에는 온 성도가 합심하여 기도하였고 저녁에는 믿음의 어머니 집에서 믿음의 형제들이 눈물로 합심하여 기도했습니다.

병원에 가기 전 출애굽기 15장 26절 너희 하나님 여호와의 말을 청종하고 내가 보기에 의를 행하여 내 계명을 귀 기울이며 내 모든 규례를 지키면 내가 애굽 사람에게 내린 모든 질병 중 하나도 너희에게 내리지 아니하리니, 나는 너희를 치료하는 여호와임이라, 아멘 말씀을 수없이 묵상하고 병원에 갔습니다.

결과는 3개월 두고보자 하였습니다.

하나님이 우리의 기도를 들어주셨습니다.

할렐루야를 외치며 3개월을 연장시켜주신 하나님께서

는 3년도 연장시켜 주실 것을 믿습니다.

그러나 3개월로 또다시 수술을 요구했습니다. 나는, 우리는 하나님을 믿으니 3개월 더 기도하고 오겠습니다, 하고 다른 병원에 가서 검사하고 그래도 수술하라 하면 그때 하겠다 하였습니다.

83일이 지나고 먼저 동네 병원에 가서 초음파 검사를 하였습니다. 그런데 혹이 없어졌습니다. 다시 서울에 수술하자는 큰병원에 갔습니다.

그랬더니 역시 혹이 없어졌습니다.

할렐루야 하나님께서 우리의 기도에 응답하셨습니다.

할렐루야 그후 문제는 완벽하게 해결해 주셨습니다.

모든 영광 하나님게 돌립니다.

중보 기도가 응답 되었습니다

띵동, 부활 주일 밤 10시 핸드폰 문자 메시지가 도착했습니다.
누군지 알지 못하는 포토메일 이었습니다.
인터넷을 연결하여 읽어보았습니다.
작년 8월 중도기도 부탁한 성전 이전에 대한 기도가 응답 되어 교회를 이전했다는 메일이었습니다.
하나님께 영광 돌립니다.
나는 기도 부탁을 받고 단순하게 기도했습니다.
지하실 교회는 습기가 많고 냄새나고 나도 월세방에 살았는데 건강도 안 좋으니 그냥 무조건 옮겨달라고 단순히 기도하였습니다.
주님을 의지하며 주님을 믿고 기도한 기도가 합력하여 이루어졌습니다.
사랑하는 성도 여러분 서로서로 돌보며 우리 모두 중보

기도를 하여 기도의 동역자가 됩시다.

혹시 중보기도가 필요하신 분들 중보기도 게시판에 올려서 중보기도하여서 응답 받읍시다.

나의 첫 번째 기도 제목은 하나님의 교회를 개척 건축하는 것입니다.

기도하실 때 한마디만 기도하여 주시면 여러분의 기도가 응답될 줄로 믿습니다.

백부장의 믿음을 생각합시다.

나도 그렇게 기도하오니 여러분이 나의 이름만 불러도 응답될 줄로 믿습니다.

일용할 양식을 주옵소서

아버지 일용할 양식을 주옵소서.

너희는 무엇을 먹을까 무엇을 마실까 염려하지 말라 하셨습니다.

하루에 필요한 양식을 주옵소서.

내일은 내일 염려하겠으니 오늘 하루하루 필요한 양식을 주옵소서.

가정에 필요한 양식, 교회에 필요한 양식, 사업에 필요한 양식을 주옵소서.

피를 말리는 긴장의 연속에서 염려를 벗어 버리려고 찬송을 부릅니다. 또 기도도 합니다.

그러나 돌아서면 염려 근심으로 안절부절 합니다.

조마조마한 마음속에 시간은 흐릅니다.

난 무슨 믿는 구석이 있어서 사업을 이렇게 무대포로 할까 한심한 생각도 합니다.

주님께서 나의 생명을 원하신다면 기쁨으로 드릴 수 있지만 눈에 보이지 않는 것(믿음은) 더 어려운 것 같습니다.

하지만 그래도 마음속에 하나님을 외치며 시간의 흐름 속에서 하나님을 체험합니다.

나의 도움은 나보다 나를 더 잘 아시는 하나님, 나의 주인이신 하나님만 바라 봅니다.

오후 6시가 되었습니다. 안도의 한숨을 쉽니다.

하루에 일용할 양식을 모두 아버지는 모두 주셨습니다. 아버지 감사합니다.

이 글을 쓰며 내 눈에서는 감사의 눈물이 흐르고 우리의 기도를 들으시는 주님을 다시 생각합니다.

오늘 주님은 날 위하여 십자가를 지셨습니다.

다시 기도합니다. 주님의 십자가가 헛된 것이 아니라 우리를 회복하게 하신 십자가이오니 십자가의 능력을 주옵소서.

주님의 십자가를 의지하며 기도할 때 예수 십자가 보혈로서 모든 것을 이루어주옵소서. 아멘

5월 20일 찬양 간증 집회 보고

5월 20일. 찬양 간증 집회는 잔치집이었습니다.

풍성한 음식이 준비되어 있었고 개척 1년이 되어가는데 가보니 사람들이 몇 사람 보이지 않았습니다.

찬양하며 예배시간이 가까워지자 빈자리 없이 가득 채워졌습니다.

감사한 것은 찬양 간증을 위해 많은 기도와 준비한 모습을 느낄 수 있었으며 간증을 위하여 전도지를 2,500장이나 주변에 나누어줬다는 이야기는 감동적이었고 무엇보다 이날 교회에 처음 오신분들이 많아서 감사했으며 저 또한 오늘 이 교회에 처음 왔습니다, 소리를 들을 때 가슴이 뭉클해졌습니다.

하나님 저들이 교회에 등록하고 신앙생활을 잘할 수 있도록 도와주세요.

예수님 이름으로 기도드리며 부족한 종을 써주신 하나

님께 감사드리며 기도해 주신 사관님 동부인을 포함한 모든 성도 님들에게 감사드립니다.

하나님의 자녀로 살면서

하나님께 다 드리고 나면
못 살 줄 알았습니다.
가난에 찌들려 살 줄 알았습니다.
그런데 하나님을 믿으면서 중요한 사실을 깨달았습니다.
하나님이 없어서 달라는 것이 아니었습니다.
우리가 자녀를 키우면서 아이들이 먹고 있는 과자를 달라고 해보신 경험이 있으실 겁니다.
그 과자를 정말 뺏어서 먹고 싶어서 였습니까.
그게 아니었지요. 오히려 과자를 사주고 싶은 마음이었을 것입니다.
이 생각을 하면서 하나님의 마음을 생각해 보았습니다. 하나님이 달라고 할 때마다 드리면 우리가 더욱 풍성해진다는 것이었습니다.

이것을 깨달은 다음부터 아이들을 키우면서 제일 먼저 가르킨 성경말씀이 사도행 전 20장 35절 "주는 자가 받는 자보다 복이 있다. 복받기 위해서는 주어야 된다. 주라.

그리하면 너희에게 줄 것이니 곧 후이 되어 누르고 흔들어 넘치도록 하여 너희에게 안겨주리라."

누가 복음 6장 38절처럼 가르켜 왔습니다.

또 내가 하나님을 믿으면서 실제적으로 체험하고 경험한 것이 살아계신 하나님께 드린 것보다 더욱 풍성하게 이자까지 쳐서 주시는 사실을 깨달았습니다.

지금 계산을 해봐도 하나님께 드린 것보다는 훨씬 더 많은 것을 받아 복을 누리는 삶을 살고 있음을 하나님께 감사드리며 영광 돌립니다.

나는 영원한 구세군인

나는 신앙 생활을 하며 끝까지 원칙을 정하고 지키고 있다. 그것은 신앙은 절대 타협의 대상이 될 수 없다는 것이며 무조건 순종하고 감사해야 한다는 것이다.

이러한 기준을 정하고 신앙생활을 하다보니 어떤 때에는 주위의 멸시를 받기도 한다.

장모님의 회갑이 주일과 겹쳐 그 잔치에 가지 않았고 주일 예배 참석한 것은 한편으로 생각하면 사람의 도리를 다하지 못하기도 한 것이지만 하나님을 기쁘게 하는 것이 나의 신앙 기준에 의한 것이다.

나는 구세군에서 신앙생활을 하는 것에 무척 감사한다.

특히 어려운 이웃을 돕는 데 힘쓰고 있는 것에 대해 자부심을 느낀다.

행함이 없는 믿음은 죽은 믿음이며 행할 줄 알고도 행치 않는 것은 죄라고 하신 말씀이 아니라 하더라도 어려운 이웃를 돕는 것이 마땅히 해야 할 일이라고 생각한다. 나는 하나님께 독특한 기도 제목으로 기도한다.

하나님 저에게 재물을 맡겨주십시오, 하나님의 청지기로 꼭 써야 할 곳에 쓰겠습니다, 제가 사용하는 것을 보고 마음에 들지 않으면 다시 가져가십시오.

이렇게 기도하는 것은 도와야 할 곳이 주위에 너무 많기 때문이다.

몇 달 전에는 하나님의 사역을 위해 새로 입교한 구세군 사관학교 학생들의 통일성 있는 복장을 제공하는 기회를 하나님께서 허락하셨다.

학생들은 나의 손을 거친 통일된 복장을 입고 있을 것을 생각하며 하나님께 기쁨과 감사의 기도를 드린다.

나는 내 것을 드린 것이 아니고 하나님께 나에게 맡겨주신 하나님 것을 드린 것뿐인데 왜이리 마음이 기쁜지 모르겠다.

너는 내 것이라 하나님께 영원이 인정받는 사람이 오늘도 되기를 늘 기도한다.

나는 영원한 구세군 병사다.

1999년 5월 1일

검정고시를 치르다

 아내가 가게에서 손님으로 온 젊은 청년을 전도하기 위하여 그에게 옷을 주고 대화를 나누는 가운데 그가 중학교 졸업에 실업자라는 것을 알게 되었습니다. 아내는 그 청년을 취직시키러 일자리를 알아보고 또 배우지 못한 그에게 길을 열어주기 위하여 학교를 알아봐 알아보니 전주에 대학생들이 운영하는 샛별 야간 학교가 있었습니다.
 아내와 나는 그 청년과 그 학교를 가서 보니 학생은 없고 선생님만 대여섯 분이 계셨습니다. 그 청년을 입학시키고 학교를 보냈더니 하루를 하고 그만두었습니다.
 나는 야간학교에 학생이 하나도 없는 것을 보고 나라도 공부해야겠다 생각하고 중학 과정 검정고시 보려고 그 학교에 다니게 되었습니다.
 입학한지 일주일이 지나자 코로나가 터져서 그나마 학교는 문을 닫아서 가지 못하게 되었습니다.

나는 내친 김에 YouTube를 보고 공부를 시작했습니다. 3달 후 중학교 검정고시에 합격을 하였습니다. 이제 고등학교 검정고시에 도전을 했습니다. YouTube를 보면서 공부를 했고 3개월 후에 고등학교 검정고시에 도전을 했습니다.

시험장에 가면서 손주들과 자녀들에게 "나 검정고시 합격증 가져올게" 하고 자랑스럽게 시험장을 가게 되었습니다. 첫째 시간이 수학 시간이었습니다.

내 수준에는 너무 어려웠습니다. 최선을 다했음에도 불구하고 첫시간 수학 16점 정도를 맞은 거 같습니다.

그 다음 시간에는 국어 시간이었습니다.

국어도 16점 정도 맞은 것 같았습니다.

다음은 영어였습니다, 영어는 약 50점 정도, 맞았다는 생각이 들었습니다.

이제 큰일났습니다, 손자들의 얼굴이 아른거렸습니다.

합격증을 가져다주겠다고 약속했는데 큰일이 났습니다.

하나님께 간절한 마음으로 기도했습니다.

"자식 손자들 앞에 체면 좀 살려주시고 꼭 합격해서 너희들도 공부해라 할아버지도 공부해서 합격장 보여주마라"고 이렇게 큰소리를 빵빵 치고 왔는데 정말 난감했습니다.

나는 간절한 마음으로 하나님 지혜를 주셔서 이제 남은 과목 전부 맞을 수 있도록 지혜를 주십시오. 제가 공부는 열심히 했으니까 하나님 저 합격해야 손자들한테 체면이 섭니다 하고 간절히 기도했습니다.

그리고 시험을 치렀는데 모두 90점 정도를 맞아서 턱걸이로 간신히 합격을 했습니다. 하나님께서는 저의 이런 기도도 들어주시고 또 손자들 앞에 자녀들 앞에 너도 공부해라 할아버지도 하는 거 봐라 하면서 말할 수가 있었습니다. 아내는 내친김에 이왕이면은 대학도 가라 하여서 또 대학 65세에 대학에 입학하였습니다. 한 학기를 다니고 '대학 문턱이라도 밟았으니 이것도 감사하구나'라는 생각이 들어서 한 학기 마치고 그만두었습니다. 할렐루야

내가 학력이 낮아서 늘 기가 죽어 있었는데 하나님께서 대학 문턱까지 밟게 하신 하나님께 모든 영광 올려드립니다.

3부
인생이력서 후반전 이야기

하나님께 가져갈 인생이력서를 쓰면서 1차 목표가 70세까지 하나님의 은혜로 남의 도움 받지 않고 일곱 교회를 짓는 것이 목표였고 또 학교를 짓고 병원을 짓는 것이 목표였습니다. 하나님께서는 부족한 종을 사용하셔서 문학 구세군교회를 시작으로 2015년 12월까지 10년을 앞당겨 기도에 응답해 주셔서 일곱 곳의 교회와 또 학교와 병원을 전반전에 이루게 하셨습니다. 나를 사용하신 하나님께 영광 돌립니다.

두 아들의 엄마 없는 결혼식

하나님께서 두 아들을 전반전에 주셨다.

이들이 믿음안에서 잘 성장해주었다. 그러나 안타깝게도 두 아들을 엄마없이 결혼식을 치루어야 했다.

엄마의 빈자리를 큰엄마가 대신하며 결혼식을 치루었다.

큰아들은 결혼식을 치르고 아버지의 차를 타고 병실에 있는 엄마를 보러갔고 작은아들 결혼식때도 눈물을 훔치는 아들의 모습을 보니 정말 마음이 아팠다.

내가 할 수 있는 것 하나님께 두 아들 며느리를 맡기며 기도하는 것 뿐 둘째 며느리 현민이는 예수 안 믿는 집에서 와서 결혼했으나 지금은 아주 모범적으로 신앙생활 하고 있으니 하나님의 큰 축복이며 이보다 더 감사할 일이 어디있겠는가.

두 며느리를 나는 딸 같은 며느리라 말한다.

두 아들 종삼이 종성이 미영이 현민이

미안하고 고맙다. 아빠가 아들 둘을 키울 때 너무 가난하여 학원도 보내지 못하고 그러나 지금까지도 말대꾸 한 번하지 않고 순종하는 아들들.

하나님 일이라면 아무리 큰 금액이라도 아끼지 않는 큰아들. 군생활하면서 북한 군인이 지켜준 것이 아니고 하나님이 지켜준 생명인데 월급받은 돈을 군대는 먹여주고 재워주는데 나는 이 돈을 쓸 수 없다며 휴가올 때마다 하나님께 헌금한 둘째아들. 아버지는 아들들 키울 때 남들 다 먹는 치킨 한 마리 제대로 사준 적 없어서 마음이 아팠는데 지금은 아들 며느리들이 손자들 마음놓고 치킨 사줄 수 있는 아들들이 되었으니 감사하고 아빠 말 순종해서 감사하고 하나님께서 은혜 베푸셔서 손자 많이 낳아주고 둘다 믿음생활 잘하고 잘사니 고맙다.

아빠가 재혼한다니 너희들 결혼반지 팔아 아버지 결혼반지 해준 것도 평생 간직하며 감사한다.

하나님께서 사랑하는 아들 며느리들 손자들 하나님께만 붙어있으면 하나님께서 복을 주시고 너희들을 번성케 하실 것을 믿는다. 승리 진리 해리 재빈이 준혁이 우리집 가훈대로 키운다면 하나님께서 크게 사용하실 것을 믿는다. 아들 며느리 손자들 참 고맙다.

재혼을 생각하시는 분들께

초혼보다 재혼의 이혼율이 훨씬 많다고 들었습니다.

나는 재혼을 생각할 때 그 어느 무엇보다도 재혼의 중심을 하나님께 두기로 하였었습니다.

하나님께 중심을 두고 우리는 천국 가는 나그네로써 천국을 목적으로 삼아 함께 가자.

하나님께 가는 그날까지 주님을 바라보며 주님의 기쁨을 위해 함께 살아가는 것이었습니다.

그 중심점에는 하나님이 계시기 때문에 또 하나님의 영광을 위해서 사는 것이기 때문에 서로가 협력하기가 쉽고 서로 마음을 모으기가 쉽지 않나 생각합니다. 또 이렇게 함께 그 목표를 이뤄나가기 위하여 동역하며 하나님께 가져갈 인생이력서를 함께 써 내려간다는 마음으로 살아갈 때 행복한 결혼 생활이 될 것입니다.

인생 후반전 결혼을 생각하면서

사랑하는 성도님들께 올립니다. 이미숙 부교를 사랑해 주셔서 감사드립니다.

나는 이미숙 부교와 나는 24세 아내는 20살때 만나서 30년을 살았습니다.

가난하고 힘들고 어렵게 살았습니다.

그러나 우리 부부는 행복하게 살았습니다. 어렵고 힘들 때마다 손을 마주잡고 기도하며 살았습니다.

아내는 평생에 말대꾸 한번하지 않고 순종했고 입에 감사를 달고 살았습니다.

여보 고마워, 여보 너무 감사해, 여보 나에게 너무 잘해 주지마요. 하나님 질투하셔요.

무슨 일을 하려면 아주 오랜기간 기도하고 준비해서 당신은 할 수 있어 하나님이 함께 하실꺼야 하면서 나를 도왔습니다.

혹시라도 내가 힘이 없어 보이면 천하에 문공주가 왜 그래 당신이 믿는 하나님 돌아가셨어 하며 용기를 주는 아내였습니다.

그러던 아내 이미숙 부교(집사)가 병이 들었습니다.

소변이 잘 안나온다 해서 병원갔더니 만성신부전증, 하늘이 무너지는 것같은 말이었지만 받아들여야 했습니다.

그리고 투석을 시작했습니다.

나는 병원에 가서 이틀에 한 번씩 투석을 하며 비틀거리는 아내와 함께 집에 오는 것이 유일한 기쁨이었습니다.

그러나 그 기쁨도 3년 나는 무조건 내 신장을 떼어서 아내에게 주려고 했습니다.

그러나 그것도 조직이 맞지 않아 모든 것은 수포로 돌아가고 아시는 대로 많은 사람들의 기도로 신장 이식해준다는 사람들이 많이 나왔으나 조직이 맞지 않았습니다.

그러던 중 안사돈이 조직이 맞아서 신장기증자가 되어 이식을 받으러 갔다가 폐렴에 감염되어 황당한 일을 당하였습니다.

나는 사업을 멀리하고 아내 곁에 있었습니다.

그러나 가게 매출은 3분의 일로 떨어졌고 병원비 때문에 어려움을 해결하기를 걱정하며 큰아들과 나는 엄마를 교대적으로 돌보자고 교대하며 엄마의 곁을 지켰습니다.

이렇게 힘든 투병 생활을 하던 중 사랑하는 아내 이미숙 부교는 하나님이 계신 천국이 좋다며 하나님께로 돌아갔습니다.

나는 아이들에게 엄마가 살아계실 때 최선을 다하고 엄마는 하늘나라 가신 후에는 눈물 보이지 말자며 잔치집 같은 분위기로 장례를 치루었습니다.

그러나 장례를 치른 후 나는 정신을 차릴 수가 없었습니다.

집에 불이 나 보험 처리를 접수했으며 정신을 차리지 못하는 나를 보고 최대한 빠른 시일에 결혼을 하라 했고 큰아들은 엄마가 아빠는 절대 혼자 살 수 없다며 아빠 인생을 살라 했습니다.

그러나 나는 아내 생각으로 뼈가 저린다는 것이 이런 것이구나를 체험하며 나는 하나님께 함께 데려가기를 기도했습니다.

그러나 뜻대로 되지 않았습니다.

그리고 나는 아내가 살아생전에 당신 먼저 보내고 따라 죽는다고 했습니다.

그러나 아내는 나 죽으면 당신은 삼일만 내 생각하고 툴툴털고 일어나라 했습니다.

아내가 하나님의 부르심을 받은 뒤 큰형수가 빨리 결혼 하라며 여자를 소개해 주셨고, 그래서 나는 선택을 해야 했습니다.

나는 며느리가 해주는 밥을 먹고 있었습니다.

며느리는 임신을 하고 밥을 먹지 못하고 힘든 생활을 하며 왔다 갔다 하는 모습을 볼 수가 없었습니다.

또 겉으로는 얌전한 체하며 속으로는 할 일 다하며 거짓말 할 수는 없었습니다.

그래서 나는 현실을 더 중요하게 생각하고 혼자 사는 사람들의 얘기를 들어 보았습니다.

대부분 사람들이 술로 나날을 보내고 정신과 치료 등으로 사업을 제대로 하지 못하고 집안이 몰락하고 또 폐인이 된 사람들이 있다며 빨리 결혼을 하라는 말을 들었습니다.

물론 상식이나 체면 겉치레의 명분들도 생각을 했지요.

그러나 이런 것들은 내 생각에는 아니었습니다.

그래서 내 인생은 내가 결정해야 할 문제라고 판단하고 또 사업도 해야 되고 가정도 생각해야 하고 자녀들도 생각해야 했습니다.

새혼을 하다

재혼(새로 혼인)을 했습니다.

2014년 10월 정읍 침례 교회 장로님 소개로 지금의 아내인 양경선 집사 현 구세군 전주교회 부교를 만나게 되었습니다.

결혼을 앞에 두고 나는 이렇게 기도하였습니다.

하나님 이런 아내를 주옵소서

10가지의 기도 제목을 정하고 하나님께 기도했습니다.

1. 하나님을 잘 섬기는 믿음이 있는 아내
2. 나누어 주기를 좋아하며 주는 것에 감사하는 아내
3. 운전을 하고 나와 여행을 좋아하는 아내
4. 내가 하는 일에 반대하지 않고 함께 동역할 수 있는 아내.

5. 남편 말에 순종하는 아내(남편이 잘못하면 이해시킬 수 있는 아내)

6. 있는 것에 감사하고 기뻐하며 웃으며 살 수 있는 친구 같은 아내

7. 가정을 하나님 다음으로 소중하게 여기고 잘 돌아보는 아내

8. 거짓말을 하지 않는 진실한 아내

9. 주일을 타협하지 않는 아내

10. 나의 사랑을 받을 줄 아는 아내. 또 사랑을 실천하는 아내

나의 약속

나는 하나님께서 주신 아내를 최고의 선물로 여기며 아끼고 사랑하며 생명을 다할 때까지 하나님께 감사하며 소중히 여기고 주님께서 주신 사명 감당하며 살겠습니다. 하나님 이런 아내를 주옵소서 예수님의 이름으로 기도드립니다. 아멘.

나중에 알고보니 양경선 부교(당시 집사) 당시 키즈 카

페를 하고 있었으며 또 양경선 부교도 나처럼 내가 바라는 남편상 이라는 13가지 기도 제목으로 기도하고 있었습니다.

1. 온전히 주님안에 거하며 말씀으로 살아 하나님의 마음을 기쁘게 하는 남편
2. 하나님께서 주신 나의 두 선물을 아들 딸 친아빠처럼 말씀으로 함께 잘 양육할 수 있는 남편
3. 가정 예배를 드리며 모든 일을 믿음으로 나아가는 남편
4. 하나님 다음으로 가족 아내를 중요시 하는 남편
5. 선교재단을 함께 건축할 수 있는 남편. 현재 기도하고 있는 선교사들에게 선교헌금을 보낼수 있는 남편
6. 가족과 함께 여행을 즐기는 남편
7. 새벽 예배에 손잡고 함께 갈 수 있는 남편. 아내가 일어나지 못하면 자상하게 깨워줄 수 있는 남편.
8. 스킨십을 잘하는 남편. 사랑을 말로 표현할 수 있는 남편
9. 또 물질적으로 아이들의 학업에 무리가 없고 흘려보

낼 수 있는 남편
10. 영육이 강건하여 나보다 더 오래 살 수 있는 남편
11. 어떤 상황에도 정직하며 바람 피지 않는 남편
12. 함께 운동을 할 수 있는 남편
13. 예쁜 속옷을 부인에게 선물할 줄 아는 남편

하나님 저에게 이런 남편을 허락하여 주셔서 순종의 아름다움으로 남편에게 사랑받는 아내 예수님의 웃음소리가 끊이지 않는 천국 같은 모형의 가정이 되게 하실 것을 믿습니다. 아멘

아내의 기도제목이었습니다.

아내 양경선 부교와 만날 당시 나는 장사가 무척 어려운 상태였고 나 역시 방 한칸 얻어 원룸생활하면서 상표권 소송에 휘말리어 몹시나 힘들고 외로움과 마음 갈급한 상황에서 우리 둘은 만나게 되었다.

우리는 다락방에서 서로 부둥켜 안고 울며 불며 하나님께 기도하면서 교제했고 기도원가서 함께 기도했다.

나의 생각은 바로 결혼식을 올리고 살려 했으나 주변 상황과 여건이 허락지 않았습니다.

그래서 저희는 개척 교회를 하고 계시는 목사님을 모시고 목사님 부부와 저희 둘 양경선 부교 언니 이렇게 다섯 사람이 약식 결혼식을 하게 되었습니다. 그리고 부천에 월세 아파트를 얻어 살림을 시작했습니다.

양경선 부교와 함께 교회에 출석하려 했으나 어려운 문제로 아내와 자녀, 다윗 하율은 서로 다른 교회를 다녀야 했습니다.

늘 마음이 아프고 그렇게는 살 수 없어서 담임사관(목사)님에게 평생 몸담은 교회에서 결혼식을 하게 해달라고 부탁을 했더니 성도들의 반대에도 불구하고 주례를 서 주셔서 CBMC 부천지회 회원들과 또 빛과소금선교회 회원들과 몇 명 교인들이 참여한 가운데 부천 구세군교회에서 결혼식을 하나님 은혜로 올리게 되었습니다. 그리고 평생 몸 담은 교회를 떠나기로 했습니다.

전주로 이사를 하다

　당시 하나님께서 주신 말씀을 붙들고 저희는 전주로 이사를 하게 되었습니다. 2015년 부천 구세군교회에서 전주로 이사하였습니다. 말씀인즉 (이사야서 43장 18~21절 말씀) 너희는 (공주야 경선아) 이전 일을 기억하지 말며 옛날 일을 생각하지 말라 19, 보라 내가 새 일을 행하리니 이제 나타날 것이라 너희가 그것을 알지 못하겠느냐 반드시 내가 광야의 길을 사망에 강을 내리니 20, 장차 들짐승 중 곧 승량이와 타조도 나를 존경할 것은 내가 광야에 길을 사막에 강을 내어. 내 백성 내가 택한 자 (공주와 경선)이에게 마시게 할 것입니다. 21, 이 백성(공주와 경선)이는 내가 나를 위해 지었나니 나를 찬송하게 하려 함이라 아멘. 말씀으로 새로운 가정이 시작되었습니다.
　전주로 이사해서 저희들은 전주에서 나그네 인생길 하나님께 가져갈 인생이력서 후반전을 생각하며 8개의 교회를 건축할 것을 하나님께 기도하게 되었습니다.

그러나 현실은 그리 만만하지 않았습니다.

왕성하게 사업을 하다가 자녀들에게 물려주고 자녀들이 주는 용돈으로 생활 한다는 것이 그리 쉽지만은 않았습니다.

쓴 돈이 번 돈이다. 간증하며 사는 삶이었는데 한정된 테두리 안에서 생활하는 생활은 그리 쉽지 않고 어려웠습니다.

그러나 하나님이 살아계시고 천국과 지옥이 있다면 또 하나님이 돌아 가셨다는 부고장을 받기 전까지는 절대 이 일을 포기할 수도 멈출 수도 없었습니다.

그리고 하나님의 일은 하나님이 하시는 것이지 내가 하는 것이 아니고 나는 하나님이 시키실 때에 순종만 하면 되는 것을 경험을 통하여 수없이 체험 하였기 때문입니다.

그러기에 매년 계획을 세우고 1년에 한 교회 건축하기로 기도하였습니다.

그것도 나의 신앙 기준을 생각하면서 감사가 끊어지면 내 생명 끝나는 날이고 어려우면 어려울수록 감사를 실천하는 것으로 1년중 가장 어려운 1월 2월 달 사이에 최선을 다해 하나님께 물질을 드려 성전을 건축하고 그 후 우리의 삶은 하나님께 맡기며 살기를 기도하였습니다.

하나님께서는 1 토고교회를 시작으로, 2 쿤둔사, 3 대마, 4 간쿤사, 5 투오보돔, 6 칸자크, 7 케안세, 8 코타키나발루, 사랑나눔교회를 개척함으로 15곳의 교회와 280명의 아이들이 공부하는 필리아학교도 볼리비아 복음방송국도 세우도록 하나님께서 복을 주셨습니다.

가진 것은 없어도 기도하며 몸부림칠 때마다 약할 때 강함 주시고 내게 능력 주시는 자 안에서 나는 할 수 있다 할 수 있거든 이 무슨 말이냐 믿는 자에게는 능치 못할 일이 없느니라, 말씀하신 예수님 안에서 나는 할 수 없어요, 내가 할 수 있는 것은 주님을 사랑하고 주님께 기도하며 주님께 맡깁니다.

나를 사용하시고 나를 통하여 일하시옵소서, 기도할 때 하나님은 응답해 주셨습니다.

예수를 믿으면서 하나님을 기쁘시게 하면 하나님이 해 주시는 것입니다.

환란을 당하여도 우리는 이긴 전쟁을 하는 것이고 우리의 목표는 죽어도 천국 간다고 생각하면 결코 흔들릴 필요가 없었습니다.

두 번째 암을 주신 하나님께 감사드립니다

이런 일도 있었습니다.

저희 성도님 중 한 분인 안수집사님 25년 동안 교회에 나오지 않았습니다.
저희 부부는 그분이 교회 나올 수 있도록 기도를 하고 있었습니다.
아내는 그분을 만나서 "한 대 맞고 나오시지 말고 빨리 나오세요" 말한 적이 있었답니다.
그런데 어느 주일날 그분이 교회에 나오셨습니다.
그러시면서 "한 대 맞고 나왔습니다" 하는 것이었습니다.
아내는 가슴이 철렁했답니다.
알고보니 췌장암 말기였습니다.
저희 교회 성도들과 저희 부부는 이 분을 위하여 함께

기도하면서, 기도원에도 동행하며 기도를 했습니다.

그러던 중 나도 건강검진 한번 해보자고 하고 건강검진을 했습니다. 일주일 후 건강검진 통지서를 받았습니다. 위암 판정을 받았습니다. 두 번째 암에 걸린 것이었습니다. 나는 건강검진 통지서를 들고 할렐루야를 외치며 여보 나 위암 걸렸어 하고, 할렐루야! 위암을 주신 하나님께 감사합니다 하며 감사를 외쳤습니다.

그 후 기도문을 작성하고 SNS를 통하여 많은 분들에게 중보 기도를 부탁드렸습니다.

기도 내용인즉 할렐루야. 하나님의 영광을 위해 위암을 주신 하나님께 감사합니다.

하나님께서는 저를 말씀으로 저를 고치시고 영광 받으실 것을 믿습니다.

나는 하나님이 행하신 일을 기쁘게 소리치며 찬양할 것입니다, 8월 25일 인천 길병원에 암치료를 위해 가오니, 기도 부탁드립니다.

여러분이 합심하여 기도할 때 하나님께서 기도를 들으시고 응답해 주실 것을 믿습니다, 하고 SNS를 통해서 많은 사람들에게 문자를 보냈습니다.

　길병원에서 내시경 검사를 받았습니다.

　병원에서 검사 후 이상이 없다는 것이었습니다.

　그러나 사람들은 오진했다고 믿지 않았습니다.

　그래도 찝찝하니 나중에 용종 제거하자 하여서 용종 제거 수술을 받았습니다. 결과는 악성암이었습니다. 전능하신 하나님께서는 암에 걸려도 할렐루야를 외치며 기뻐하는 나에게 말씀으로 암을 치료해 주시고 사람들이 믿지 않자 이것을 증명이라도 하듯이.

　위암으로 판정을 받게 하셨습니다. 그리고 나도 모르게 평안한 마음으로 암 치료를 해 주셨습니다.

　이때 저희 교회에 췌장암 말기인 안수 집사님을 위해 함께 기도하고 있었습니다.

　부천구세군교회 은퇴하신 은퇴 사관님이 계셨는데 나에게 전화하여 말씀을 전해 주시고 암 치료를 위해 오전 9시가 되면 기도해 주셨습니다.

　아내는 이 말씀을 메모하여 다시 췌장암 말기 환자에게 전하고 그분을 위해 기도해 주었습니다.

　이 분들도 너무 순수하게 말씀을 받아들였습니다.

하나님께서는 이 분을 깨끗하게 깨끗하게 고쳐주셔서 완치 판정을 받았는데 너무 좋아서 농막을 짓고 너무 무리하여 다른 곳에 암이 생겨 얼마 못 사시고 하나님의 부르심을 받았습니다.

나는 이것을 보면서 사람의 몸은 너무 무리하면 안 된다는 것을 깨달았습니다.

선교지에 가서 댕기열에 걸리다

 2022년 11월 중순 저희 필리아 학교와 선한 학교가 있는 말레이시아 코타키나발루의 선교사님이 한 번 오라 하기에 가게 되었습니다.
 준비라고는 사람이 마음으로 자기의 길을 계획할지라도 그 걸음을 인도하시는 분은 여호와 하나님이라. 잠언 16장 9절 말씀. 의지하면서 하나님이 부르셨으니 하나님이 기뻐하시고 원하시는 일이 있으면 나의 눈을 열어 보게 하시고 깨닫게 하시겠지 기도하며 가게 되었습니다.
 하루는 현지인 장로님과 골프장에 골프를 치러 갔습니다.
 그분의 아내가 저희들에게 왜 교회를 개척하지 않느냐 내가 한국 사람을 많이 알고 있으니까 교회 개척하면 한국 사람 많이 보내줄 거다.
 또 장로님께서는 영어 설교는 내가 해줄 거다, 말씀하

시면서 교회를 개척하라고 말씀하시는 것이었습니다.

또 하루는 골프 연습장에서 골프를 치는데 한국인을 만나 대화를 나누는데 그분도 선교사님이셨습니다.

선교사님께서 저희들을 대접한다고 해서 저희는 점심을 대접받고 집에 돌아왔습니다.

그런데 그날 밤부터 고통이 찾아오기 시작했습니다. 잠도 잘 수 없고 반드시 누워도 옆으로 누워도 엎드려도 고통은 멈추지 않았습니다.

나는 더위을 먹었거나 열병이겠지 고난도 축복이다.

언제 하나님 일 하면서 편하게 한 적 있다더냐 시간이 지나면 낫겠지 하면서 주님이 주신 사명을 마치기 전에 나는 죽지 않는다.

기도하면서 버텨내는데 너무 힘들어서 코타키나발루 현지병원에 가게 되었습니다. 결과는 댕기열이었습니다.

댕기열은 댕기모기에 물려 걸리는 병인데 치사율도 높고 음식은 물론 물도 마시지 못하는 아주 힘든 병이었습니다.

나는 병실에 있으면서 3가지의 깨달음을 얻게 되었습니다.

첫째로 선교사님들을 판단하지 말라, 선교사로 나온 자체가 선교사다.

둘째로 한인 교회를 가게 되었는데 한 건물에 세개의 교회가 있어서 교회가 선교지에서까지 이래서는 안 된다. 생각을 하게 되었습니다.

그리고 교회를 개척해야 된다는 생각을 했습니다.

세 번째로 너는 절대 죽지 않는다, 이런 깨달음을 받았습니다.

그리고 나그네 인생길 하나님께 가져갈 인생이력서를 다시 한번 정리하고 모든 것은 기회 있을 때 해야 한다는 다짐을 했습니다.

몸이 어느 정도 회복 되어 한국에 돌아온 나는 2023년도 기도 제목을 비전 7989로 수정을 했습니다.

내용인 즉 하나님의 은혜로 구원받은 종 90살까지 팔팔하게 주의 영광을 위해 일하자로 수정을 했습니다.

한 달 반 정도 지나다 보니 몸이 회복된 것 같았습니다.

집에서 아내와 함께 당뇨 검사를 했더니 당이 높게 나와 국가가 시행하는 건강검진을 받았습니다.

그랬더니 건강 A 등급이 나와 아주 건강한 몸이 되었습니다.

나는 나의 인생 전반전 목표는 70세까지 남의 도움 없이 일곱 개의 교회를 건축하는 목표였습니다. 그런데 하나님의 은혜로 60세의 나이에 목표를 이루어주시었습니다.

2014년 전주에 내려와 다시 후반전의 인생이력서 쓰기 시작해서 여덟 교회 건축의 목표를 삼고 기도 중이었습니다. 2003년 5월 17일 기도를 시작한 지 만 20년 만에 하루도 틀리지 않고 15곳의 교회를 하나님은 세우게 하셨습니다.

부족한 종을 택하셔서 하나님의 성전을 건축하신 하나님께 감사와 영광을 돌립니다. 할렐루야. 모든 영광 하나님께 돌립니다.

선교사님을 만날 기회가 있어서 5월 16일 입당예배 날짜가 어떻게 나온 날짜냐고 물었습니다.

선교사님은 교단에서 잡아준 날짜라 하더군요 그러시면서 아직 간판을 못 달았다 하셔서 간판값을 보내 놓고 기도하니 하나님께서 사랑나눔교회 이름값 해야지 하는 마음을 주셔서 다음날 간판 대금을 보내드렸습니다.

우리의 앉고 일어섬을 아시며 우리의 품은생각을 아시

고 머릿털까지도 세심바 되시는 전능하신 하나님께서 이렇게 모든 기도의 제목에 응답해 주셨습니다.

저희는 이제 또다시 하나님이 기뻐하는 일들을 기도하며 꾸준하고 성실하게 주를 향한 마음을 가지고 주님이 주실 일을 기대하면서 70세의 도전을 시작합니다.

캄보디아를 향하여 70세의 도전

구세군 전라지방에서 캄보디아 단기 선교에 간 적이 있었습니다.

저희 부부는 그 단기 선교에 따라가게 되었습니다. 왜냐하면 2012년도 캄보디아에 교회 건축헌금을 보내고 교회를 건축해달라 했고 한 번도 가 본 적이 없었기 때문입니다.

가 보고 싶었고 또 의료 헌금도 보내서 병원 또는 진료소를 한다는 브리핑, 저희 교회와서 하셨는데 결과를 전혀 듣지 못해 궁금하기도 했습니다.

그래서 캄보디아를 향한 꿈이 있었습니다.

캄보디아에 가서 보니 몇 개에 몇곳의 센타가 있었습니다.

이것을 보면서 성경 말씀이 생각났습니다. (고전 3장 6절) 나는 심었고 아볼로루는 물을 주었고 자라나게 하시는 이는 하나님이시라 그러면서 나는 하나님의 사용하시는 통로가 되었구나 하면서 감사를 느꼈습니다.

그리고 캄보디아에서 무엇인가를 할 것을 생각하게 되었습니다.

그러나 나이가 70입니다. 일을 내려놓고 잔디 깎으면서 시골집에서 여유롭게 살고 싶었습니다.

그러라 하나님은 말씀하십니다.

너에게는 모르드개가 에스터에게 한 말, 네가 왕후가 된 것은 이 때를 위함이 아닌지 누가 아느냐는 말씀이 생각났습니다.

너보다 10살 적은 네 아내를 준 것은 이 때를 위함이라 에스더가 준비되어 있다 하시는 것 같아서 순종하는 마음으로 모든 것은 하나님께 맡기고 먼저 건물을 임대하고 아내는 한글학교를 시작하여 한글을 가르치고 아내를 돕는 사역을 돕기로 결정하였습니다.

하나님께서는 저희의 마음을 아시고 캄보디아에서 돌아온 날 저녁 돕는 자를 보내주시고 해외 영문 선교회를 세우게 하셨습니다.

하나님께서는 한글학교를 시작할 수 있도록 준비하시는 하나님이셨습니다.

10명의 자원봉사자 선생님을 보내주시고 2025년 9월 7일 함께 모여 기도하며 캄보디아 한글학교를 위해 결단하는 모습을 바라보며 하나님께 기도했습니다.

하나님 저분들의 머리를 보세요.

전부가 백발임에도 불구하고 하나님을 사랑하는 뜨거운 마음을 주님 받으시옵소서.

저들의 기도를 들어주시옵소서.

저들의 건강을 지켜주시고

저들의 자녀들을 지켜주옵소서. 이분들의 마음을 보시고 길을 열어주옵소서. 캄보디아 프놈펜에 하나님이 기뻐하는 한글학교를 이루시옵소서 하고 기도드렸습니다.

혹시라도 기도하실 때 기억나시거든 캄보디아 한글학교를 위하여 기도 부탁드립니다.

나와 CBMC

나의 선교의 시작은 "시비엠시에서 시작했다" 해도 과언은 아닙니다.

오래 전 방송에서 시비엠시가 있다는 것을 듣고 인터넷을 검색해 보니 서울만 나와 있어서 포기한 적이 있었습니다.

그러다가 2008년 수소문 끝에 부천에도 시비엠시가 고려호텔에서 모인다는 것을 알고 찾아 갔습니다.

들어 가는 순간 파마머리에 기타를 치며 이종환의 사랑를 위하여를 부르고 있었습니다. 너무 감동이었습니다.

그날부터 부천시비엠시에 나가게 되었습니다.

나중에 물어보니 대학가요제에서 우승하신 사장님이셨습니다.

2012년도 부천시비엠시 회원들과 함께 코타키나발루에 단기선교를 갔습니다.

그때 많은 아이들이 똥물에서 노는 모습을 보았습니다.

그리고 그 모습이 나의 어릴 적 모습임을 알았습니다.

다음날 밤새 그 아이들을 생각하다 다음날 선교사님에게 아이들이 학교 갈 시간에 왜 학교에 가지 않고 놀고 있느냐 물어보니 갈 학교가 없다는 것이었습니다.

나는 돌아와서 학교를 세울 것을 기도하고 저희 회사 이름을 따서 필리아학교를 2012년도에 하나님의 은혜로 세우게 되었습니다.

당시 500명이 넘는 아이들 지금은 300명 정도 있는데 아이들을 열악한 환경속에서 공부와 신앙을 가르치는 사역을 하고 있습니다.

지금은 우리 온고을지회 사장님들이 많이 참여한 선한 선교회가 조직되어 12명 정도의 교사 월급을 충당하고 있습니다.

2014년도 나에게 또다른 위기가 찾아왔습니다.

상표권소송으로 재판을 하다가 사업을 내려놓고 나는 전주로 이사하여 전주온고을 CBMC 나가게 되었습니다.

이렇게 전주시비엠시생활이 시작 되었습니다.

가나의 케안세교회 많은 온고을지회 회원님들이 참여한

가운데 건축한 교회의 목회자의 생활비 마련을 위하여 염소프로젝트를 시행하였는데 사장님들의 헌신으로 염소를 보내서 염소젖을 팔아 생활비 마련하게 하시고 또 코로나 시절에는 주민들의 굶주림 소식을 듣고 마스크를 판 전부를 5키로 쌀보내기 운동에 대다수 회원님들이 함께 하였습니다.

2021년도에도 가나 최북단 모슬람권 미전도종족 칸자크에 성전 건축을 온고을지회는 협력하여 교회를 건축하였습니다.

이듬해 2022년 때에도 아프리카 가나에 쿤둔사교회를 건축하였고 회원님들이 합심하여 교회 비품을 채워 넣었습니다.

2022년 12월 코타키나발루에 가게 되었습니다.

아는 현지인의 게스트로 골프를 치게 되었습니다.

이 분들이 하시는 말씀. 너희는 왜 교회를 세우지 않냐?

교회를 세우면 내가 한국사람 많이 아니까 보내 줄거다, 그리고 영어설교도 내가 해 줄거다 하고 말하는 것이 었습니다.

며칠 후 파쓰리 연습장에서 한국사람 같아서 인사를 했

더니 그 분도 선교사였습니다.

  한국에서 왔다하니 점심을 잘하는 곳 있으니 식사대접을 하고 싶다 해서 함께 식사를 대접받고 그리고 교회를 안내를 받아 그 교회에 가기로 했습니다.

  그리고 집에 왔는데 몸이 좋지 않았습니다.

  다음날이 주일이라 선교사님이 나가는 한인교회를 갔더니 한 층에 3곳의 한인교회가 있는데 3교회가 한층에 있는 것을 보고 너무 마음이 아팠습니다.(지금은 교회가 전부 옮겨졌습니다)

  한인교회에서 예배를 드리고 점심을 먹고 집에 왔는데 몸이 너무 아파 견딜 수가 없었습니다.

  며칠을 물도 잘못 먹고 고통 속에 있다가 현지 병원에 가게 되었습니다.

  검사 하자마자 바로 입원하라 하여 입원하게 되었습니다.

  원인은 댕기모기에 물려 걸리는 댕기열에 걸린 것입니다.

  치료시기를 놓치면 무려 치사율이 40~50퍼센트나 되는 무서운 병에 걸린 것입니다.

  병실에 누워 있으면서 한국에 갈 날이 며칠 남지 않았

는데 갈 수 있을까 하는 생각이 들어 기도하는데 주님께서 평안을 주시고 세가지 깨달음을 주셨습니다.

1. 너는 죽지 않는다.
2. 선교사를 판단하지 마라(내 눈에 골프치고 좋은 집 좋은 차)
3. 교회를 세워라 하는 마음을 주셨습니다.

그리고 병원에서 퇴원하여 다음 날 집에 오는데 비행기에 탑승하니 병이 나은 것 같았습니다.

집에 돌아온 나는 오직 교회를 세우겠다는 생각으로 현황 파악을 해보니 선교팀이 한달에 한 두 번씩은 저희 학교에 오는데 이들이 예배처소가 없어서 말도 안 통하는 현지교회에 출석하여 예배를 드리고 있어서 교회를 세우면 이들을 수용하여 함께 예배드리면 헌금도 나오고 학교에도 도움이 될 것을 믿고 무조건 건물을 알아 보라하고 임대료를 2년간 후원할테니 2년 후에 자립하세요 하고 교회를 시작하였습니다.

그런데 교회 시설이 만만치가 않았습니다.

비품을 후원 받기로 하고 13가지 후원 제목, 예를 들어 마이크, 강대상, 드럼, 에어컨, 엠프, 스피커 등등 명목으로 온고을지회 단톡방에 올렸고 많은 회원님들의 후원으로 2023년 5월 16일 교회 설립 예배를 은혜 가운데 드렸습니다.

입당예배를 드린 후에 단톡방에 2년 후 자립할 수 있도록 기도를 부탁하였고 만 2년이 지난 지금 성도들이 25명 정도로 늘어나고 성도들이 거의 모두가 학교에서 봉사하는 후원자가 되었고 회원님 등이 다녀가신 후에 지붕공사와 바닥 콘크리크 공사가 마무리되어 향후 10년은 끄덕없을 것 같습니다.

또 2025년 선한학교 공사에도 적극 후원해 주셨습니다.

이 일을 행하신 하나님께 감사와 영광을 돌리며 CBMC로 인도해주셔서 협력선교 할 수 있도록 인도해주신 하나님께 감사드립니다.

그리고 선교 방향을 바꾸어야 한다는 생각을 주셨습니다.

2012년 캄보디아에 교회를 세우고 11년 후 2023년도에 캄보디아에 가게 되었습니다.

캄보디아를 위하여 기도는 하였으나 눈으로 확인하지 못하여 궁금한 마음이었습니다.

가서 보니 4곳의 교회로 확장되고 시골에서 올라온 청소년들을 케어하는 센타를 여러 군데 운영하고 있었습니다.

이런 광경을 보고 고전 3장 6절 나는 심었고 아볼로는 물을 주었고, 하나님은 자라나게 하셨나니 말씀을 생각하며 내가 도구로 쓰임 받았구나 생각하니 너무나 감사했습니다.

그곳에 찰리라는 양아들을 삼고 신학을 공부하게 하고 돌아왔습니다.

너무나 열악한 환경과 노후된 건물 별 후원 없이 하루 한 끼만 먹는 현실을 보고 너무 마음이 아파 도울 방법을 생각했습니다.

그렇게 한 가지씩을 준비하면서 이번 2025년 6월 9일 일주일간 캄보디아를 다녀왔습니다. 4곳의 교회가 6곳의 교회로 확장되고 그동안 한국에서 신학을 전공하고 돌아간 현지 목사님들도 함께 사역을 하고 있는 것을 보았습니다.

예전에는 그 땅의 복음을 위해 신학생만을 생각하였지만 캄보디아 현지를 돌아보며 복음을 담당하는 사역자,

경제를 이끌어가는 경제인, 교육을 담당하는 교육인 이 세 부류가 절실함을 깨닫고 왔습니다.

CBMC를 통하여 하나님의 놀라운 일을 기대합니다.

한국CBMC 비전

한국CBMC의 비전은 "비즈니스 세계에 하나님 나라가 임하게 한다"이다.

• 한국CBMC 사명

한국CBMC는 우리를 통하여 선포된 CBMC 비전이 성취되도록 우리가 마땅히 감당해야 할 구체적인 사명을 다음 세 가지로 제시하고 있다.

① 전도와 양육: 실업인과 전문인을 전도하고 양육하여 영적 재생산자로 세운다.
② 리더십 개발: 성경적 리더십을 개발하여 영적 비즈니스 리더로 육성한다.
③ 일터변화: 일터 현장에서 성경적 경영을 적용하여 세상에 선한 영향력을 끼친다.

CBMC 사명을 가슴에 새기고 살고자 한다.

많은 시비엠시 사장님들을 보면서 나는 한없이 작아지지만 하나님이 나에게 허락하신 믿음에 분량대로 최선을 다하고자 한다.

한국국제기드온협회 북전주캠프 소개

저는 한국국제기드온협회 북전주캠프 회원으로 섬기고 있습니다.

국제기드온협회는 대학, 중·고등학교, 호텔, 병원, 군부대, 경찰, 교도소 등 일반인들이 쉽게 접근할 수 없는 곳에 성경을 배부하고 비치하는 개신교 초교파 선교단체입니다.

기드온 회원들은 기독 실업인과 전문 직업인들로 구성되어 있으며, 성경을 보급하고 복음을 전하여 영혼을 구원하는 사명을 감당하고 있습니다.

저 또한 부족하지만, 하나님의 은혜로 기드온 회원으로서 이 귀한 사역에 동참하고 있습니다. 앞으로도 맡겨주신 자리에서 충성되이 섬기며 복음을 전하는 일에 최선을 다하겠습니다.

시니어선교한국
(Senior Mission Korea)

　인생의 후반전을 하나님 나라를 위해 헌신하고자 하는 시니어들의 모임(Senior Mission Society of Korea)입니다.
　시니어선교는 교회 안에 잠재되어 있는 다양한 시니어 인적자원들을 선교의 전문 인력으로 동원·육성하여 총체적 선교사역의 활로를 개척, 지원함으로써 지상명령의 남은 과업을 이루어 가기 위해 2007년부터 시작한 초교파 시니어선교운동입니다.

전북시니어선교회의 목표
　1. 시니어들에게 하나님의 선교 비전과 다양한 선교 모델을 제시한다.
　2. 선교 현장 및 후방지원 사역 등 모든 분야에 실질적인 참여를 독려한다.

3. 교회가 선교의 주체로 진일보하는 계기가 되게 한다.
4. 교회와 선교단체가 연합하는 장을 이룬다.

▶ **시니어란?**

제1기 전반기 인생을 마무리하고 제2기 후반기 인생을 맞이하는 세대(40세~80세대)를 총칭함

▶ **시니어선교학교의 대상**
- 선교에 관심이 있거나 시니어 선교사로 헌신하고자 하는 시니어
- 교회에서 국내·해외 선교부서를 섬기는 시니어
- 인생후반기를 하나님 앞에서 의미 있게 보내고자 하는 크리스천이라면 누구나

▶ **시니어선교학교의 목표**

선교에 대한 이해를 높이고 선교현장을 체험케 함으로써 해외선교, 국내 외국인 선교, 단기 재능 기부, 보내는 선교 등 다양한 섬김으로 인생 후반전을 하나님의 지상명령인 선교에 동참하도록 한다.

▶ **시니어선교학교의 비전으로**

1. 세계선교, 2. 다음세대 선교, 3. 이주민 선교(다문화 포함), 4. 북한선교에 집중하고 있으며 전북시니어선교학교는 지금까지 12회까지 실시하여 2백 명이 넘는 수료자를 배출하여 해외 선교사로 활동중인 분도 다수 있으며 국내에서 유학생과 다문화 가정 및 자녀를 대상으로 한국어교육에 임하는 각각 분야의 선교는 물론 "보내는 선교사", "후원하는 선교사" 등의 사역을 담당하고 있습니다.

나는 시니어 선교사로써 하나님께서 주신 사명을 감당하기 위하여 2025년 10월 27일 캄보디아로 출국한다.

나의 전도 편지

안녕하세요. 전주 구세교회 다니는 문공주입니다. 사장님 지금 어디로 가고 계신가요. 혹시라도 죽음을 생각해 보신 적이 있나요? 사람이 죽으면 그것으로 끝이라고 생각하신 건가요.

그렇다면 얼마나 좋을까요.

그러나 절대 그렇지 않습니다. 사람이 한 번 죽는 것은 정해진 것이오 그 후에는 반드시 심판이 있습니다. 그 심판은 천국과 지옥입니다. 저는 사장님 천국에 가시기를 원합니다. 예수님께서는 내가 길이요 진리요 생명이니 나로 말미암지 않고는 아버지께 올 자가 없느니라 하셨습니다.

누구든지 예수님을 믿는 자만이 하나님의 자녀가 됩니다. 영접하는 자 그 이름을 믿는 자들에게는 하나님의 자녀가 되는 권세를 주셨으니 누구든지 예수 믿으면 하나님의 자녀의 복을 받고 죽으면 천국에 갑니다. 저도 술집을 하다가 예수님을 만나 행복한 삶을 살고 있습니다. 사장님 가까운 교회에 나가세요. 저의 도움이나 안내가 필요하심 언제든지 저에게 문자나 전화 주시면 안내해 드릴게요. 판매자와 고객 아님 길거리에서 아님 이 책을 통해서 사장님을 만났지만 사장님을 소중하게 생각합니다. 저는 전주에 살고 있고 김제에도 시골집이 있으니 오셔서 사장님의 인생 여정도 듣고 싶고 또 사장님과 친구가 되고 싶습니다. 언제든지 시간 되시면 날짜 조율해서 저희 집에 놀러 오시면 저희 아내와 함께 솜씨는 없지만 정성껏 모실게요. 가족과 함께 오셔도 좋습니다. 전화번호는 010-5334-3117 문공주입니다.

| 끝인사 |

책을 마무리하면서 나는 가난한 시골 농촌 마을에서 태어났지만 동네에 구세군 교회가 있어서 하나님을 만나게 되었습니다.

하나님을 만남으로 인생 여정을 살면서 구세군교회 정교(장로)가 되어 70년을 살았습니다.

그리고 기쁨과 감사로 후회없는 삶을 살았습니다.

사랑하는 이 책을 읽는 선후배 여러분.

여러분이 믿든 믿지 않든 하나님은 살아계시고 천국과 지옥은 반드시 있습니다.

또 여러분이 어떤 선택을 하시든지 여러분의 자유입니다.

그러나 하나님은 반드시 계십니다.

선후배님들께서 지금까지 어떻게 살았든지

지금까지는 괜찮습니다.

지금부터가 중요합니다.

지금부터라도 예수님을 꼭 믿으시고 내가 만난 하나님을 꼭 만나시길 기도드립니다.

그리고 그 하나님과 나그네 인생길을 동행하시면서 아름답고 행복하게 사시다가 하나님이 오라고 부르실 때에 하나님께 아름다운 인생이력서를 쓰셔서 하나님께 드리시는 선후배님 또는 책을 읽는 모든 여러분 되시기를 바라며 하나님께 가져갈 나의 인생이력서를 하나님께 올려드립니다.

할렐루야

이 책을 읽어주셔서 감사합니다.

이 책을 보시고 후원을 원하시는 분 계시면

구세군 성민장학금으로 보내주시면 사관학생들에게

큰 도움이 될 것입니다.

후원계좌

농협 301-0313-7701-31 재) 대한구세군유지제단법인

문공주 간증집
하나님께 가져갈 인생이력서

인 쇄 2025년 10월 10일
발 행 2025년 10월 15일

지은이 문공주
펴낸곳 신아출판사
주   소 전북특별자치도 전주시 완산구 공북1길 16
전   화 (063) 275—4000
팩   스 (063) 274—3131
이메일 sina321@hanmail.net
출판등록 제465—1984—000004호
인쇄 · 제본 신아출판사

저작권자 ⓒ 2025, 문공주
이 책의 저작권은 저자에게 있습니다. 서면에 의한 저자의 허락없이
내용의 일부를 인용하거나 발췌하는 것을 금합니다.
COPYRIGHT ⓒ 2025, by MUN GONGJU
All rights reserved including the right of reproduction in whole or in part in any form.

저자와 협의, 인지는 생략합니다.
잘못된 책은 바꿔 드립니다.

ISBN 979-11-24068-01-4 03230
값 10,000원

Printed in KOREA